Hans Tapper

Der schön gedeckte Tisch

FALKEN VERLAG

Inhaltsverzeichnis

Um Antwort wird gebeten…

Man lädt wieder ein! Und Anlässe gibt es mehr als genug, ob man sich nun zu einem traditionellen Familienfest trifft oder einfach nur zu einem gemütlichen, geselligen Beisammensein mit Freunden. Damit der Gastgeber/die Gastgeberin aber nicht allzusehr strapaziert und die Einladung ein voller Erfolg wird, heißt es rechtzeitig zu planen und zu organisieren.
Auch heute noch gilt das alte Sprichwort, daß man nicht nur mit dem Mund, sondern auch mit den Augen ißt. Und so ist ein der jeweiligen Gelegenheit angepaßt gedeckter Tisch ganz besonders wichtig. Er steht — neben dem Essen selbst — im Mittelpunkt der Einladung und vermittelt durch seine Gestaltung — beispielsweise mit exquisitem Geschirr, kostbaren Gläsern, edlem Besteck und feinen Stoffservietten — das entsprechende Ambiente.
Dieses Buch soll Ihnen Ihre Gastgeberrolle erleichtern, Ihnen helfen, eventuell entstehende Probleme zu meistern, und Anregungen geben, wie einzelne Tische — je nach Anlaß — gestaltet werden können. Es erhebt dabei keinen Anspruch auf Vollständigkeit, denn dafür ist das Thema zu vielfältig, so vielfältig eben, wie es das bunte Leben nun einmal ist.

Ein gutes Gelingen und angenehme Stunden im Kreise Ihrer Gäste wünscht Ihnen

Ihr Hans Tapper

KLEINE GESCHICHTE DER TAFELKULTUR

Der schön gedeckte Tisch eine Erfindung der Neuzeit? Keineswegs!
Nachdem der Mensch das Feuer und somit — im weitesten Sinne — die Tafelfreuden entdeckt hatte, entwickelte sich über die Jahrtausende eine je nach Land und Epoche unterschiedliche Tafelkultur, zu der Eß- und Trinksitten genauso gehören wie Tischmanieren oder -ordnungen.

Bankettszene. Malerei auf Kalkputz, Wandmalerei aus dem Grab des Neb-Amun, Theben West. Um 1400 v. Chr. British Museum, London.

Im alten Ägypten waren Festmahle am Hofe der Pharaonen gang und gäbe. Zahlreiche Gänge mit den verschiedensten Fleischsorten, Gebäck, Obst und Getränken wurden gereicht, wobei man streng darauf achtete, daß die letzteren zum Essen paßten. Es gab sogar so etwas wie Tafelmusik: Musikanten unterhielten die Gäste mit ihrem Spiel.
Bei den alten Griechen ging es dann etwas kärglicher zu. Nach einem spartanischen Frühstück und einem ebensolchen Mittagessen – sie bestanden in der Hauptsache aus in Wein getauchtem Brot und Wasser – gab es in den frühen Abendstunden die Hauptmahlzeit, die auch in den gehobenen Kreisen selten Fleisch enthielt, dafür aber um so mehr mit Wein angereichert wurde. Teller und Becher aus Ton oder Metall waren bekannt, für sehr Flüssiges gab es Löffel, ansonsten wurden bei Tisch die Finger zu Hilfe genommen. Das Sitzen am Tisch geriet dann im Laufe der Zeit aus der Mode, das Essen wurde im Liegen eingenommen, wofür es ein eigens dafür konstruiertes Sofa gab.
Diese Sitte, im Liegen zu essen, wurde dann von den Römern übernommen, die zum Essen im allgemeinen Löffel und Finger, zum Tranchieren in einigen Fällen eine Art Gabel und ein Messer benutzten. Wie die Griechen kannten sie Teller und Becher aus Ton oder Metall; neu dagegen waren Fingerschalen und Servietten.
Der Beginn des Mittelalters bedeutete das vorläufige Ende dieser – für unsere Verhältnisse relativ gesitteten – Tafelkultur. Es gab dann zwar Messer, mit denen das Fleisch zerkleinert und das Essen notfalls zum Mund geführt wurde, Löffel und grobe Gabeln, mit denen das Fleisch beim Tranchieren festgehalten werden konnte, sowie Becher, aus denen man trank. Dafür fehlten Teller, ganz zu schweigen von Fingerschalen und Servietten. Die zubereiteten Nahrungsmittel wurden sogar noch zu Zeiten Karls des Großen (747–814) in Vertiefungen des Tisches gelegt, aus denen heraus sie gegessen wurden. Gegen Ende des Mittelalters wurden vor und nach dem Essen die Hände gewaschen, gegessen wurde aus einer Schüssel, wozu man in besseren Kreisen nur Daumen, Zeige- und Mittelfinger benutzte. Schon lange vor Bekanntwerden des Tischtuchs zu Ende des Mittelalters konnte man sich die Hände und den Mund an eigens am Tisch angebrachten Tüchern abwischen.
Gabeln, mit denen man aß, wurden in Europa erstmals zu Beginn des 16. Jahrhunderts am italienischen Hof verwendet, was wohl mit der damaligen Mode – man trug große Halskrausen – zu erklären ist. Die Entdeckung gelangte von Italien nach Frankreich, wo wenig später

Festtafel im Schloß. Nach einer Miniatur aus einer Handschrift des 15. Jahrhunderts. Bibliothek des Arsenals, Paris.

Kalendarium Grimani. Darstellungen der zwölf Monate: Tafelfreuden (Januar). Buchminiatur, Brügge. Schule des Meisters Bering, um 1515.

Festliches Bankett am Kurfürstlichen Hof in der Münchner Residenz. Getönte Federzeichnung, Süddeutschland. 1. Hälfte des 17. Jahrhunderts, Schloß Berchtesgaden.

am Hof die Sitte aufkam, mit Messer und Gabel zu essen. Langsam und analog zum Aufschwung des Bürgertums übernahm die normale Bevölkerung die höfischen Tischsitten, bis sie im 18. Jahrhundert allgemein üblich geworden waren, und zwar nicht nur in Frankreich, sondern in ganz Europa.
Im 19. und zu Beginn des 20. Jahrhunderts wurde die bis dahin bekannte Tafelkultur weiter verfeinert, was sich in der Schaffung kostbaren Geschirrs und Tafelsilbers sowie in einem Raffinement der Kochkunst niederschlug.
Nach dem 2. Weltkrieg wurde die Tafelkultur „amerikanisiert", zahlreiche Reglementierungen entfielen, alles wurde lockerer und freier. In den letzten Jahren allerdings hat sich neben diesem „american way of life" mit „fast food" und ähnlichen Erscheinungen wieder eine gehobenere Tafelkultur entwickelt, die Wert legt auf eine qualitativ hochwertige Ausstattung, und auch die längere Zeit als altmodisch und antiquiert verschrienen Tischsitten sind wieder „in".

Chinoiserie mit Festmahl im Freien. Detail eines großen Wandteppichs. München, um 1730. Residenzmuseum, München.

Spielter, Karl Johann (1851–?): Der Festredner. Nach einem Gemälde, 1901.

Tafelkultur ist stets eine Widerspiegelung des Zeitgeistes. Sie ändert sich von Epoche zu Epoche, findet – wie die Kunst – eine jeweils andere Ausprägung. So hat jedes Zeitalter charakteristische Formen, einen eigenen Stil geschaffen, die in der Gestaltung von Geschirr, Gläsern, Besteck und sonstigem Tafelgerät ebenso ihren Niederschlag finden wie im äußeren Erscheinungsbild von Häusern, Möbeln oder Kleidern aus der gleichen Zeit.

Hier nun eine kleine Auswahl von Arbeiten aus verschiedenen Jahrhunderten. Sie haben bis heute nichts von ihrer Faszination verloren, und ihre handwerkliche Qualität versetzt uns oftmals in Erstaunen, besonders wenn man die technischen Möglichkeiten früherer Jahrhunderte in Betracht zieht.

Henkelschale mit Fuß. Bergkristall, emaillierte Goldfassung, mit Granat besetzt. Böhmen, um 1625. Schwedische Schatzkammer, Schloß Stockholm.

Henry van de Velde (1863–1957): „Scholokadenservice". Tablett mit Kanne, Teller, Tasse und Untersetzer. Manufaktur Meißen, um 1900/05. Privatsammlung, Süddeutschland.

Bestecksatz. Augsburg, um 1765. Privatsammlung.

Terrine und Untersetzer mit Empire-Dekor. Manufaktur Nymphenburg, um 1820. Porzellansammlung der Residenz München.

Weinkanne aus transluzidem Blutjaspis. Vergoldet, emaillierte, mit Perlen besetzte Bronzefassung. Frankreich, um 1600. Schatz des Grand Dauphin im Prado, Madrid.

Emaillierter Kelch. Murano/Provinz Venedig, um 1500. National Museum of Ireland, Dublin.

Rudolf

Rund um den gedeckten Tisch

Wer würde nicht gerne zu einem guten Essen in angenehmer Umgebung einladen, und wem gefiele nicht ein mit Phantasie und Sinn fürs Detail gedeckter Tisch! Doch vor den Preis haben die Götter den Schweiß gesetzt, und es bedarf schon einer gewissen Ausrüstung und einiger grundlegender Kenntnisse, um einen Tisch stilvoll zu gestalten.

Keramik

Gleichgültig ob es sich um ein feines Porzellanservice oder um ein rustikaleres Gedeck aus Steingut handelt, das Geschirr ist zentraler Angelpunkt jedes gedeckten Tisches – ohne Keramik oder besser: Feinkeramik ginge also gar nichts.

Die Krönung der Feinkeramik ist das Porzellan. In vielerlei Hinsicht unverwüstlich, ist es Höhepunkt einer langen Entwicklung.
Im allgemeinen aber denkt man bei dem Wort „Keramik" an Gegenstände aus Ton oder tonhaltigem Material, also an Tonware, Steingut oder Feinsteinzeugprodukte, die feinkeramische Erzeugnisse sind.

Porzellan

In China wurden Gegenstände aus Porzellan schon ab dem 7. Jahrhundert hergestellt. Zur Zeit der Kreuzzüge gelangten im 12. Jahrhundert einzelne Stücke über die Seidenstraße und den heutigen Nahen Osten nach Europa. Marco Polo widmete dem neuen Material in seinen um 1300 entstandenen Reiseberichten beträchtliche Aufmerksamkeit, war doch das Porzellan zum einen erheblich feiner, zum anderen aber härter und strapazierfähiger als alles, was man bisher im Westen kannte. Er nannte die Substanz, aus der im Fernen Osten die verschiedensten Gebrauchsgegenstände angefertigt wurden, „porcellana", was eigentlich die italienische Bezeichnung für eine weiße Meeresschnecke war, deren Gehäuse eine große Ähnlichkeit mit dem „Porzellan" hatte.
Im 15. Jahrhundert brachten die Weltumsegler dann ganze Schiffsladungen der kostbaren Gegenstände nach Europa. Die Nachfrage – speziell diejenige der Fürstenhäuser, die Porzellan als Prestigeobjekt erster Güte betrachteten – stieg ins Unermeßliche, und im 16. und 17. Jahrhundert wurde in China in großem Umfang für den Export produziert.
Mit der Herstellung eigenen Porzellans taten sich die Europäer schwer, obwohl die verschiedenen Fürstenhäuser alles Erdenkliche unternahmen, um in den Besitz einer „Rezeptur" zu gelangen.
Trotz aller Bemühungen gelang es dem Naturwissenschaftler von Tschirnhaus (1651–1708) und seinem Gehilfen, dem Alchimisten Böttger (1682–1719), erst 1707, Porzellan herzustellen: Sie entdeckten, daß dazu Kaolin, Feldspat und Quarz benötigt wurden. August der Starke (1670–1733), Kurfürst von Sachsen, richtete 1710 auf der Albrechtsburg in Meißen die erste europäische Porzellanmanufaktur

Ein Teller wird geformt.

Flüssige Porzellanmasse wird in die Gipsform gefüllt.

Porzellan auf dem Weg in den Brennofen.

Der Teller wird rundum gleichmäßig mit Glasur überzogen.

ein. Ihre Monopolstellung konnte sie allerdings nicht lange halten, und bald entstanden überall in Europa Konkurrenzunternehmen.

Im großen und ganzen unterscheidet man bei glasiertem Porzellan zwischen Hart- und Weichporzellan. Das erste wird bei Temperaturen über 1350°C gebrannt, beim letzteren liegt die Brenntemperatur darunter. Das Mischungsverhältnis von Kaolin, Feldspat und Quarz beträgt im Idealfall 50 : 25 : 25 für Hartporzellan und 25 : 45 : 30 für Weichporzellan; die Zusammensetzung variiert jedoch ständig. Eine besondere Form des Weichporzellans ist das bekannte englische „Bone China", das aus 30 bis 50 Prozent Knochenasche, 20 bis 35 Prozent Kaolin und 25 bis 40 Prozent feldspathaltigem Gestein besteht.

Nach der Aufbereitung der Porzellanmasse (unter anderem Reinigen und Zerkleinern der Rohstoffe) werden die gewünschten Gegenstände entweder geformt (Teller, Tassen) oder gegossen (Kannen, Dosen, Figuren). Dann wird das Porzellan vorgetrocknet und bei etwa 990°C gebrannt (Glühbrand). Es ist dann zwar nicht mehr wasserlöslich, aber immer noch wasserdurchlässig.

Im Anschluß wird das Firmenzeichen eingestempelt; die Gegenstände werden in das Glasurbad getaucht und bei einer Temperatur von etwa 1400°C zum zweiten Mal gebrannt (Glattbrand).

Bei den Dekoren unterscheidet man drei Arten: die Unterglasurdekore, die Inglasurdekore und die Aufglasurdekore.

Die Unterglasurdekore werden direkt nach dem Glühbrand aufgebracht; danach wird das Porzellan glasiert und glattgebrannt.

Die Inglasurdekore werden auf das glattgebrannte Porzellan aufgetragen, das danach bei Temperaturen von etwa 1400°C ein drittes Mal gebrannt wird. Die Glasur schmilzt dabei, und die Farben sinken in die Glasur ein.

Die Aufglasurdekore werden nach dem Glattbrand aufgetragen. Das Porzellan wird dann bei Temperaturen von 850°C ein drittes Mal gebrannt, wobei die Glasur nicht schmilzt, die Farben also auch nicht einsinken, sondern auch nach dem Brennen noch als leichte Erhebung zu fühlen sind.

Die Wahl der Farbtöne wird von der Brenntemperatur beeinflußt: je höher diese ist, desto weniger Farben können verwendet werden. Dementsprechend sind die Aufglasurdekore auch die farbenfreudigsten.

Ein Gefäß wird auf der Töpferscheibe geformt.

Der Henkel wird an eine Tasse aus Feinsteinzeug montiert.

Tonware, Steingut, Feinsteinzeug

Grundlage jeder Tonware ist eine farbigbrennende Tonmasse, die bei einer Temperatur von 900° C zum ersten Mal gebrannt wird (Glühbrand). Nach dem Auftragen einer transparenten oder getrübten Glasur erfolgt bei etwa 950° C der Glattbrand; der Scherben bleibt dabei porös. Die niedrige Brenntemperatur ermöglicht die Verwendung sehr intensiver Unterglasurfarben. Entsprechend bunt bemalt kommen daher viele Produkte (Töpfe, Krüge, Vasen, Schalen usw.) auf den Markt. Das Material ist sehr stoßempfindlich.

Steingut wird bei 1050° C (Glühbrand) und bei 950° C (Glattbrand) gebrannt. Es entsteht ein meist weißer, wie die Tonware poröser Scherben, der normalerweise eine durchsichtige Glasur erhält. Aufgrund der niedrigen Brenntemperaturen ist die Verwendung sehr intensiver Unterglasurfarben möglich. Steingut wird häufig in der Geschirrproduktion eingesetzt.

Steingutgeschirr hat meist einfache Formen, paßt also gut zu Rustikalem (bunte Tischdecken, Bestecke mit Holzgriffen usw.). Mit Steingut sollte man immer sorgfältig umgehen; es ist sehr stoßempfindlich. Vor allen Dingen die Glasur platzt leicht ab.

Bei etwa 900° C wird das – wie Porzellan vorgetrocknete – Feinsteinzeug zum ersten Mal gebrannt (Glühbrand). Es entsteht ein weißer Scherben, der unterschiedlich weiterbehandelt werden kann. Entweder wird nach dem Glühbrand eine farbige Glasur aufgetragen und dann glattgebrannt, oder aber es wird eine Unterglasurmalerei aufgetragen, auf die eine transparente Glasur folgt. Der Glattbrand erfolgt bei einer Temperatur von etwa 1250° C. Das Feinsteinzeug ist deshalb – im Gegensatz zu Tonware und Steingut – wasserdicht. Als dritte Möglichkeit gibt es die Inglasurdekore, nach deren Auftrag ein dritter Brand nötig ist. Feinsteinzeug ist schlagfest und strapazierfähig. Sein größter Vorteil besteht in seiner Fähigkeit, Wärme zu speichern; Speisen und Getränke bleiben lange warm.

Das Unterglasdekor wird auf das einmal gebrannte Feinsteinzeug aufgebracht.

Grundausstattung Geschirr

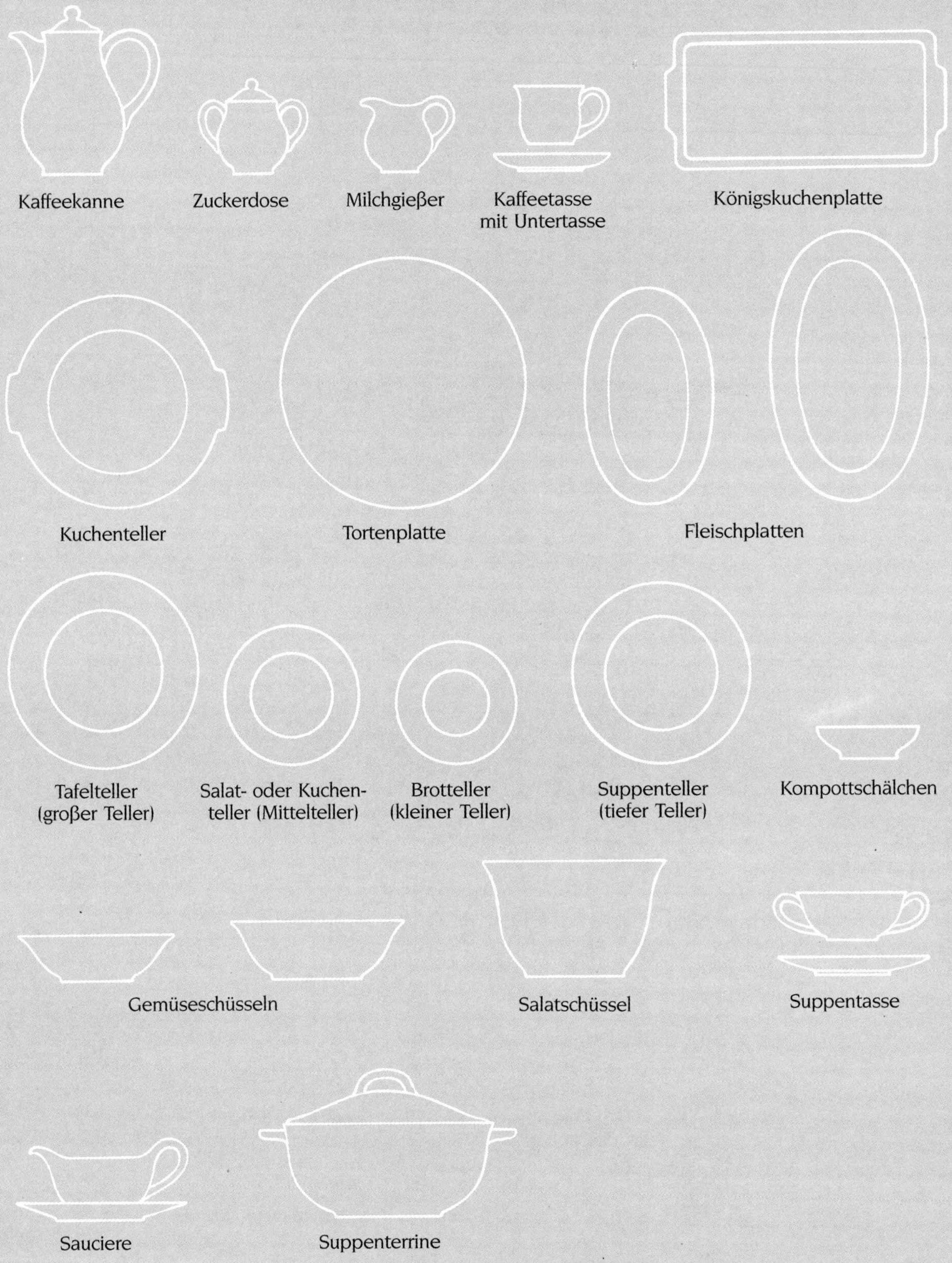

Geschirr

Geschirr wird heute in den verschiedensten Formen und Farben angeboten. Von einfarbig-dezent bis bunt-schillernd-bizarr gibt es alles, was man sich nur vorstellen kann. Bei der Anschaffung von Geschirr orientiert man sich am besten an den individuellen Bedürfnissen, geht aber dennoch – wenn man es übers Herz bringt – streng praxisbezogen vor. Eventuell lohnen sich zwei Garnituren: sozusagen für alle Tage ein seriengefertigtes Service, das meist über Jahrzehnte hinweg noch nachgekauft werden kann; für die erlesenen Anlässe dann eines, das in nur geringer Auflage erscheint oder gar einzeln angefertigt wird. Im letzten Fall empfiehlt sich unbedingt die Bestellung von Ersatzteilen, vor allem von Tellern und Tassen.
Sollte zu Hause kein dienstbarer Geist verfügbar sein, der nach einem opulenten Mal abwäscht, ist die Anschaffung von spülmaschinenfestem Geschirr ratsam, das es heute in großer Auswahl gibt.
Wer nicht gleich alles auf einmal anschaffen will, begnügt sich fürs erste mit einer Grundausstattung, die nach und nach ergänzt werden kann. Neben den unten gezeigten Zusatzteilen kann man sich auch noch besondere Beilagen- und Ragoutschüsseln, Fisch- und Eierplatte, Untersetzer, Butterdose, Eierbecher, Geleedose usw. zulegen.

Ergänzungsteile Geschirr

Teekanne

Teetasse mit Untertasse

Mokkakanne

Mokkatasse mit Untertasse

Leuchter

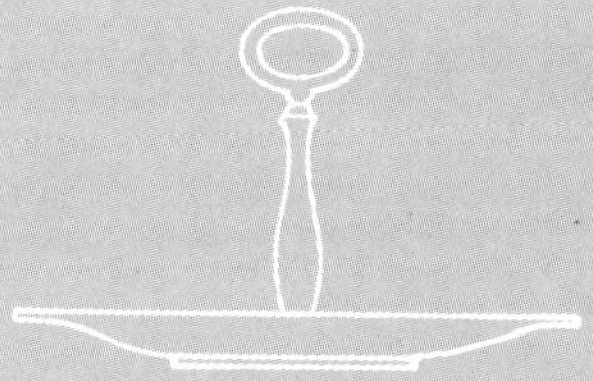
Käseplatte

Platzteller

Fondueteller

Schneckenpfanne

Etagere

Stövchen

Glas

Die ältesten Gegenstände aus undurchsichtigem Glas stammen aus Ägypten. Es handelt sich um etwa 4500 Jahre alte Schmuckteile, die damals den gleichen Wert hatten wie Edelsteine. Des weiteren gab es Gläser, die über einem Sandkern geformt wurden. Die Ausgangsmaterialien waren Quarzsand und Soda.
Um 100 v.Chr. wurde in Syrien die Glasbläserpfeife erfunden. Zahlreiche Gebrauchsgegenstände, wie etwa Krüge, Tassen, Schüsseln usw., wurden damit gefertigt. Das Glas hatte an Exklusivität verloren. Innerhalb des Römischen Reiches gelangte die Glasmacherkunst auch in die einzelnen Provinzen, so unter anderem auch nach Germanien, wo man die neue Errungenschaft mit dem germanischen Wort für Bernstein – glesum – benannte. Faden- und Netzgläser, Diatretgläser, Millefioritechnik und anderes mehr wurden entwickelt. Glasschliff und Glasgravur waren bekannt. All das geriet jedoch mit dem Niedergang des Römischen Reiches in Vergessenheit.

Im 13. Jahrhundert n.Chr. war Italien mit Venedig und Murano Zentrum europäischer Glaskunst. In Vergessenheit geratene Techniken lebten wieder auf; darüber hinaus wurde – erstmals in der Geschichte – farbloses Glas hergestellt. Teilweise wurden die Gläser auch mit Emailfarben bemalt, eine Technik, die auch im alten Ägypten schon bekannt war.
Im 17. Jahrhundert wurde in Böhmen durch Zusatz von Kreide und Pottasche ein besonders glanzvolles und hartes Glas, das Kristallglas, entwickelt. Besonders der Glasschnitt war bei den facettenreichen Kelchen und Pokalen von Bedeutung, die Arbeiten aus Bergkristall nachempfunden waren. Durch den Schnitt wurde das einfallende Licht so gebrochen, daß die herausragende Qualität des Ausgangsmaterials voll zum Ausdruck kam. Ende des 17. Jahrhunderts entdeckten die Engländer, daß durch Zusatz von Blei eine weitere Steigerung der Brillanz erreicht werden konnte. Wichtig beim weicheren Bleikristallglas ist der Schliff der Gläser.
In der Periode des Jugendstils um die Jahrhundertwende wurde wieder viel mit stark farbigem Glas gearbeitet, alte Techniken kamen erneut zur Anwendung. In der Gestaltung dominierten lebhafte Formen und Dekore. Gallé (1846 bis 1904) und Tiffany (1848–1933) sind die wohl bekanntesten Vertreter dieser Epoche.
Seither dominieren in der Glaskunst überwiegend schlichte, funk-

Unter Drehen und Schwenken wird das Glas in die Metallform eingeblasen.

Ein Tropfen Glas wird in der Mitte des Kelchs angesetzt.

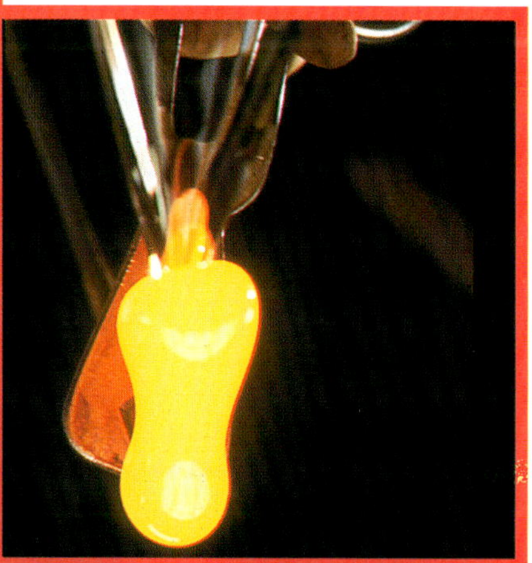

Die Rohstoffe für Glas werden bei großer Hitze zusammengeschmolzen.

Aus diesem Tropfen wird mit der Zange der Stiel gezogen.

Die Bodenplatte wird mit Hilfe eines Brettchens geformt.

tionale Entwürfe, eine Entwicklung, die erst in den letzten Jahren durch ein verstärktes Arbeiten mit Oberflächenstrukturen und neuartigen Dekoren sowie durch künstlerische Glasentwürfe eine gewisse Einschränkung erfährt.
Für Gläser des gehobenen Bedarfs wird heute entweder Kristallglas oder Bleikristallglas verwendet, das mundgeblasen wird. An der Zusammensetzung hat sich seit ihrer Erfindung kaum etwas geändert. Für Kristallglas nimmt man Quarzsand, Soda, Pottasche und Kalk; beim Bleikristall kommt Bleioxyd dazu.

Die Herstellung von Glas gliedert sich in drei Phasen: den Schmelzvorgang, die Verarbeitung und die Kühlung.
Beim Schmelzvorgang werden die Rohstoffe in drei Etappen zusammengeschmolzen. Während der ersten Phase entsteht die Rauhschmelze, eine stark von Gasblasen durchsetzte Masse, die im Laufe der zweiten Phase, dem Läutern, auf 1400 bis 1600°C erhitzt wird. Durch Eintauchen eines nassen Holzstücks in die flüssige Glasmasse steigen die Gasblasen an die Oberfläche, das Glas wird klar. In einem dritten Gang wird die Masse auf eine Temperatur von 1200°C abgekühlt, die zur Verarbeitung erforderlich ist.
Für die Verarbeitung entnimmt der Glasmacher mit der Glasbläserpfeife etwas Glas, das zu einem sogenannten „Külbel" aufgeblasen wird. Dieser wird dann entweder in eine fertige Form eingeblasen oder aber durch Drehen und Schwenken sowie den Einsatz diverser Werkzeuge frei modelliert.
Bei der Herstellung eines Kelchglases wird zunächst der Kelch geformt. Für den Stiel wird dem Schmelzofen eine zweite Portion Glas entnommen, die in der Mitte des Kelches angesetzt und mit einer Zange langgezogen wird. Für den Fuß des Kelchglases wird eine dritte Portion glühendes Glas benötigt, die entsprechend ausgeformt wird.
Nun folgt die Kühlung des Glases, das inzwischen eine Temperatur von 600°C hat. Sie muß langsam erfolgen, um Materialspannungen zu vermeiden, die noch Jahre später zu Rissen führen können.
Im weiteren Verlauf wird das Glas geschliffen, graviert, bemalt usw.

Grundausstattung Gläser

Weißweinglas (trockener Weißwein) | Rotweinglas (trockener Rotwein) | Sektkelch Sektglas | Likörglas | Obstbrandglas

Biertulpe | Cognacschwenker | Sektschale | Wasserglas

Gläser

Heute werden Gläser in den verschiedensten Formen – für beinahe jedes Getränk gibt es mindestens eine Glasform – und Farben angeboten. Verarbeitungstechnik, Material, Dekor und Schliff bestimmen die Qualität.
Gutes Glas hat eine glatte Oberfläche, ist stoß- und kratzfest, lichtecht, farbneutral und standfest. Zudem kann es – mit Ausnahme von Gläsern mit Golddekor und Bleikristallgläsern – in der Spülmaschine gereinigt werden. Wertvolles Glas spült man immer von Hand in lauwarmem Wasser, dem etwas Spülmittel beigegeben wurde. Danach mit einem fusselfreien, weichen Tuch trockenpolieren. Das Sortiment an Gläsern kann sehr umfangreich sein. Auch hier ist es empfehlenswert, entweder zwei Garnituren anzuschaffen – eine für den Alltag, eine zweite für festliche Anlässe – oder eine Grundausstattung zu kaufen, die dann langsam ergänzt wird.
Als Maxime gilt: Für jedes Getränk das richtige Glas! Denn Rotwein schmeckt nun einmal aus einem leicht bauchigen Glas besser, da durch das größere Volumen mehr Sauerstoff an den Wein kommt und sich Bukett- und Geschmacksstoffe voll entfalten können.
Für Weißwein benutzt man Gläser mit kleinem Kelch. Durch das häufigere Nachschenken ist der Wein stets kühl und frisch.
Sekt- oder Champagnergläser sollten einen hohen Kelch haben, so daß das Getränk gut moussiert und nicht so schnell schal wird. In Sektschalen verflüchtigt sich die Kohlensäure relativ bald.
Für den Weinbrand- oder Cognacschwenker gilt das gleiche wie für das Rotweinglas: Bedingt durch den großen Umfang des Glases können sich Bukett und Aroma voll entfalten.
Bei der Anschaffung von Gläsern sollte man darauf achten, daß sie im Stil zum Geschirr und den übrigen Tafelgeräten passen und möglichst lange nachgekauft werden können.
Je nach Bedarf kann man seinen Bestand auch noch mit verschiedenen speziellen Wein- und Biergläsern, zum Beispiel Römern, Weinpokalen, Roséweingläsern usw. oder Bierkrügen, Weißbiergläsern und Altbiergläsern erweitern.

Ergänzungsteile Gläser

Besteck

Ältester Bestandteil eines Bestecks ist ohne Zweifel das Messer, das als Feuersteinklinge schon in der Steinzeit bekannt war. Lange Zeit wurde es – in Ermangelung von Gabeln – außer zum Schneiden auch dazu benutzt, das Essen zum Mund zu führen. In der Kombination Messer – Gabel kam es, begleitet von einer Verfeinerung der Tischsitten, erst im 16. Jahrhundert auf, und auch da zunächst nur in adeligen Kreisen. Der allgemeine Durchbruch erfolgte erst im 18. Jahrhundert.

Im Laufe der Jahrtausende seiner Entwicklung hatte das Messer die verschiedensten Formen angenommen, je nachdem welche Zusatzfunktionen es außer dem Schneiden gerade erfüllen sollte. Die heutige Grundform des Messers – die Klinge ist nach obenhin abgerundet – stammt aus dem 18. Jahrhundert.

Nach dem Messer ist der Löffel der zweitälteste Bestandteil des Bestecks; die ältesten Formen stammen aus der Bronzezeit. Die Form des Löffels unterschied sich zunächst deutlich von der uns heute bekannten: Der Stiel war kaum länger als die Laffe, dafür jedoch sehr dick. Er wurde beim Essen mit der ganzen Faust umschlossen. Im alten Griechenland gebrauchte man ihn zum Löffeln von Suppen, die Römer verwendeten ihn dann auch schon einmal zum Ausschaben von Austern und ähnlichem. Im Mittelalter, in dem man Suppen nicht kannte, wurde er nur wenig gebraucht, änderte daher auch nicht die Form. Erst im 16. Jahrhundert wird der Stiel länger und dünner. Zu dieser Zeit beginnt man auch damit, ihn mit kostbarem Material, zum Beispiel Silber, zu verzieren. Die heute übliche Form des Löffels, dessen Stiel mit drei Fingern gehalten werden kann, entwickelte sich erst im 18. Jahrhundert.

Die Gabel war zwar wohl schon den Römern bekannt, wurde jedoch nur zusammen mit einem Messer zum Tranchieren verwendet. Auch im Mittelalter setzte man sie nur dazu ein, um das Fleisch beim Schneiden besser halten zu können. Über Italien, wo sie zum ersten Mal in Europa als Eßgerät benutzt worden war, gelangte sie im 16. Jahrhundert an den französischen Hof. Zahlreiche Formvarianten wurden entwickelt, bis die Gabel im 18. Jahrhundert in etwa die heutige Form erhielt und auch im Bürgertum allgemein verbreitet war.

Ein Monoblockmesser in seinen einzelnen Fertigungsstufen.

Die Messer werden durch Erhitzen und nachfolgendes schnelles Abkühlen gehärtet.

Ein Monoblockmesser wird geschliffen.

Löffel werden im galvanischen Bad versilbert. Je länger das Besteck im Bad gelassen wird, desto höher ist die Silberauflage.

Lange Zeit war es üblich gewesen, das Besteck als kostbaren Besitz zu betrachten – es handelte sich ja um speziell angefertigte Einzelstücke – und es, in den Gürtel oder in den Stiefelschaft gesteckt, mit sich herumzutragen, woraus sich auch der Name erklärt. Erst im 19. Jahrhundert begann man mit der serienmäßigen Herstellung.

Heutzutage gibt es überwiegend Besteck aus Edelstahl, aus Neusilber und aus Echtsilber. Vergoldete Bestecke und Goldbestecke sind relativ selten.
Bestecke aus rostfreiem Edelstahl 18/10 (in der Legierung sind 18 Prozent Chrom und 10 Prozent Nikkel enthalten) sind besonders unverwüstlich und pflegeleicht.
Silberbesteck besteht aus einem Neusilberkern (65 Prozent Kupfer, 23 Prozent Zink, 12 Prozent Nickel), der dann versilbert wird. Der Stempel gibt an, wieviel Gramm Silber pro 24 Quadratdezimeter verwendet wurden; im allgemeinen sind es 90 Gramm.

Echtsilberbestecke bestehen aus einer Silberlegierung (800 Teile Silber, 200 Teile Elektrolytkupfer) oder aus Sterlingsilber (925 Teile Silber, 75 Teile Elektrolytkupfer), was dem Prägestempel zu entnehmen ist. Im Vergleich zu Edelstahl- und Neusilberbestecken werden Echtsilberbestecke – zum einen wegen des Preises, zum anderen wegen ihrer Biegbarkeit – weniger häufig genommen.
Löffel, Gabel und zahlreiche andere Teile werden bei einem Druck von bis zu 300 Tonnen in einer Stahlform meist kalt geprägt. Messerschneiden oder Monoblockmesser dagegen werden unter einem Fallhammer heiß geschmiedet. Wichtigster Punkt bei der Herstellung der letzteren ist das Härten, Grundlage jeder perfekten Schneide. Während des Härtens wird das Messer zunächst erhitzt, dann rasch abgekühlt und wieder leicht erwärmt, um die zuvor entstandenen Materialspannungen auszugleichen. Die durch die Hitzeeinwirkung auf dem Metall entstandene schwarze Schicht muß in einem folgenden Arbeitsgang sorgfältig entfernt werden, bevor dann geschliffen und poliert werden kann.

Grundausstattung Besteck

Bestecke

Besonders wichtig bei Besteck ist die richtige Pflege. Niemals sollten Sie Essensreste darauf antrocknen lassen; selbst Edelstahlbestecke können dabei anlaufen. Spülen Sie sie sofort nach dem Essen gründlichst ab, und trocknen Sie sie.

Bestecke, die aus zwei unterschiedlichen Materialien bestehen – zum Beispiel Holz-, Porzellan- oder andere Keramikgriffe haben –, dürfen lediglich handwarm gespült werden, da sich das Metall der Schneide sonst zu sehr ausdehnen und den Griff sprengen würde. Bestecke mit Holzgriffen darf man außerdem nicht im Wasser liegenlassen, da das Holz Wasser aufnimmt, dadurch quillt, ausgelaugt wird und reißt.

Edelstahl- und Silberbestecke dürfen nicht gleichzeitig in einem Spülbecken gereinigt werden. Der härtere Stahl würde das Silber unweigerlich verkratzen.

Edelstahlbesteck sollte nie gleichzeitig mit anderen Metallgegenständen (Aluminium, Silber usw.) in die Spülmaschine gegeben werden, da der Stahl durch chemische Umwandlungsprozesse beschädigt werden könnte. Ansonsten empfiehlt es sich, bei der Anschaffung von Besteck darauf zu achten, daß es im Stil zum Geschirr paßt. Wie bei den Gläsern auch kann man zwei verschiedene Garnituren anschaffen oder aber eine Grundausstattung, die erweitert wird.

Dieser Erweiterung sind fast keine Grenzen gesetzt; für nahezu jede Speise gibt es ein besonderes Besteck: Austerngabel, Austernmesser, Hummergabel, Hummerzange, Kaviarschaufel, Kaviarmesser, Kaviarlöffel, Spargeleßzange, Spargelheber, Suppentassenlöffel, Pastetenheber, Reisheber, Sardinenheber und so weiter und so fort…

Ergänzungsteile Besteck

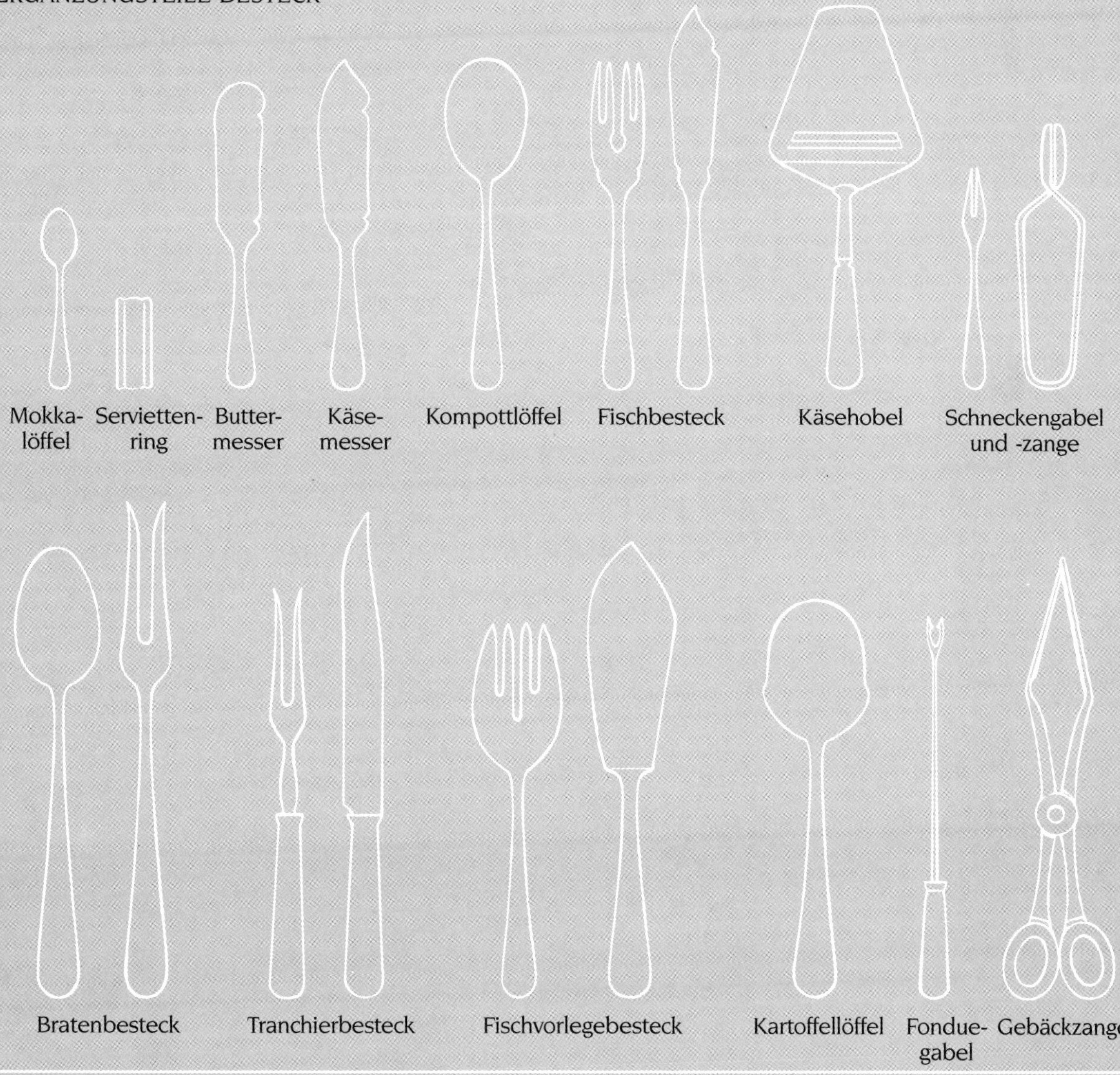

Tischwäsche

Wer kennt sie nicht, die gefüllten Wäscheschränke früherer Zeiten, mit einem riesigen Vorrat an Tischdecken, Tischtüchern und Servietten, aus dem – stets mit Sorgfalt – das Passende ausgewählt wurde.
Doch während bis vor gar nicht langer Zeit die Tische auch außerhalb der Essenszeiten unter wollenen, gehäkelten oder gestickten Tischdecken versteckt wurden, erfreuen wir uns heute eher an Tischtüchern, Servietten und den relativ neu dazugekommenen Sets. Zum einen sind die Tischoberflächen robuster geworden und müssen nicht mehr in dem Ausmaß wie früher geschont werden, zum anderen sind die Materialien wertvoller, wodurch der Tisch teilweise zu einem Schmuckmöbel avanciert.
Tischtücher, die zum Essen aufgelegt werden, sind unentbehrlicher Bestandteil jeder kultivierten Mahlzeit. Es gibt sie aus den traditionellen Materialien wie Leinen, Halbleinen und Damast, die inzwischen auch in allen Farben und Schattierungen hergestellt werden. Man kann aber auch seine Phantasie spielen lassen und alles Mögliche aus anderen Bereichen umfunktionieren: Futterstoffe gibt es in unzähligen Farbnuancen; Sie können den Ton exakt auf Geschirr und Dekor abstimmen und das Ganze mit passenden Papierservietten abrunden. Stoffreste vom Wühltisch haben oft ungewöhnliche Dekore, Tapeten – sehr effektvoll und preiswert! – sind enorm praktisch; nehmen Sie geprägte Kunststoffolien, Wachstuch, Farnkraut, Metallfolie, probieren Sie alles aus, was Ihnen in den Sinn kommt, und Sie werden sehen, wie originell und witzig ein Tisch allein durch die Art der Tischbedeckung schon wirken kann. An einem führt jedoch kein Weg vorbei: wenn der Tisch eine empfindliche Oberfläche hat, muß ein Molton unter das Tischtuch.

Baumwolle

Leinen

Seidenlüster

Mako-Damast

Wenn Sie eine große, festliche Tafel ganz traditionell decken möchten, nehmen Sie am besten sogenannte Tafeltücher aus Damast. Es gibt sie in Weiß und auch in Pastellfarben.

Servietten unterstreichen die Wirkung der Tischgestaltung, wenn man sie in puncto Farbe und Material auf das Tischtuch abstimmt. Nimmt man die gleiche Farbe, sieht es besser aus, wenn der Stoff der Serviette etwas feiner ist als das Tischtuch. Hat man sich aber für Farbnuancen entschieden, kann der Stoff der gleiche sein. Besonderer Blickfang sind kunstvoll gefaltete Servietten; in Mode gekommen sind aber auch wieder Serviettenringe.

Tischsets sind enorm dekorativ. Es gibt sie in allen möglichen Farben, Formen und Materialien, beispielsweise Leinen, Bast, Spitze, Edelholz usw. Wenn man den Pfad der Gewohnheit jedoch verläßt, erschließen sich noch ganz andere Möglichkeiten und Effekte: Geschenkpapier, Kalenderblätter, Lederstücke, frische Blätter, Fächer und viele andere Dinge mehr können als Sets verwendet werden und schaffen gleich eine ganz besondere Atmosphäre.

Ein wohlgeordneter Wäscheschrank erfüllt mit Wohlbehagen und nicht nur dies: Er erleichtert die Übersicht und ermöglicht spielerisches Zusammenstellen von Tischdecken, Stoffen und Servietten in immer wechselnden Kombinationen für die neueste Tischidee.

Allgemeine Vorbereitungen

Damit erst gar keine Hektik aufkommt, sollte man immer rechtzeitig planen, vor allem, wenn es sich um große Festlichkeiten handelt.

Die ersten Überlegungen sind getan, die Vorbereitungen für das Festessen können beginnen. Und jetzt ist es auch an der Zeit, sich eine Checkliste anzulegen. Diese Gedächtnisstütze erleichtert die Organisation enorm. Sie kann entweder nach Gebieten oder aber chronologisch geordnet werden.

Im ersten Fall wird die Checkliste am besten in drei Abschnitte gegliedert:

allgemeine Organisation (zum Beispiel Besorgen und Schreiben/Verschicken von Einladungs-, Tisch- und Menükarten; Planung der Raumaufteilung und der Dekoration);

Essen und Trinken (Aufstellung des Menüs und der Getränkefolge, Organisation des Einkaufs usw.);

Material (Geschirr, Gläser, Besteck, Tischwäsche, Bestandteile der Dekoration u.a.).

Schreiben Sie alles auf, was Ihnen in den Sinn kommt, auch wenn es eigentlich nur Kleinigkeiten sind. In der Eile vergißt man erfahrungsgemäß so manches.

Noch ein Wort zu Einladungs-, Tisch- und Menükarten.

Lädt man Verwandte oder gute Freunde ein, dann geht das auch ohne besondere Förmlichkeiten. Ein Telefongespräch, eine persönliche mündliche Einladung oder ein netter Brief reichen da vollkommen aus.

Bei offiziellen Anlässen kommen Sie allerdings um eine korrekte schriftliche Einladung, die etwa drei bis vier Wochen vor dem geplanten Termin verschickt wird, nicht herum.

Vorgedruckte Einladungen zur Hochzeit oder zum Jubiläum gibt es in großer Auswahl in Schreibwarengeschäften, die neutralen Karten müssen entsprechend ergänzt werden. Der Anlaß der Feier sollte immer angegeben werden, ganz gleich, ob es sich um einen Geburtstag, einen Empfang oder ein Abendessen handelt. Besonders praktisch ist eine Rückantwortkarte, damit man die Übersicht behält, wer tatsächlich kommt. Zumindest aber kann man das Kürzel U.A.w.g. (Um Antwort wird gebeten) mit auf die Einladung setzen.

Handgeschriebene Einladungen wirken sehr persönlich und individuell, sind aber nicht bei jeder Handschrift zu empfehlen. Mit Schreibmaschine getippte haben ein sehr ordentliches Erscheinungsbild. Speziell für einen Anlaß gedruckte Karten sind zwar sehr perfekt, aber auch nicht ganz preiswert. Laden Sie Ehepaare ein, sollten beide Partner angesprochen werden – auch mit den richtigen Titeln.

Angegeben werden auf einer Einladung üblicherweise die genaue Adresse, das Datum, die Uhrzeit und die gewünschte Kleidung; zum Beispiel schwarzer Anzug, Smoking oder Partykleidung. Für auswärtige Gäste ist ein Stadtplan oder eine genaue Wegbeschreibung – eventuell mit Skizze – sehr hilfreich.

Wenn Sie in einem Hotel feiern, dann sollte der Einladung ein Prospekt beiliegen und der Raum genannt werden, in dem die Veranstaltung stattfindet.

Menükarten gehören unbedingt auf einen festlich gedeckten Tisch. Bei wenigen Gästen können sie handgeschrieben sein, und wer zeichnerisch begabt ist, schmückt sie mit kleinen Motiven.

Ansonsten bekommen Sie hübsch bebilderte Menükarten in Schreibwarengeschäften.

Bei aufwendigen, kostbar gedruckten Karten können Sie die vierseitige Einlage dekorativ mit einer Kordel einbinden. Auf ihrer Vorderseite werden der Anlaß, der Ort und das Datum vermerkt, auf der linken Innenseite die Getränkefolge.

Obwohl die Regeln heute schon etwas lockerer gehandhabt werden, gilt bei Getränken allgemein immer noch, daß Rotwein zu dunklem Fleisch und dunklem Geflügel – Rind, Wild, Lamm, Gans – serviert wird, Weißwein dagegen zu hellem Fleisch, hellem Geflügel und Fisch.

Auf der rechten Innenseite der Einlage steht die Speisenfolge.

Innerhalb eines Menüs sollten sich Produkte nicht wiederholen; also nicht zweimal Fisch, zweimal Fleisch usw. reichen. Außerdem ist es besser, die einzelnen Gänge auf unterschiedliche Art zuzubereiten; Kombinationen wie gekochtes Huhn gefolgt von gekochtem Fleisch und ähnliches lassen sich leicht vermeiden.

Tischkarten sind sehr dekorativ, aber auch hilfreich. Am schönsten sehen handgeschriebene aus; sie machen einen eher persönlichen Eindruck, während gedruckte immer etwas steril wirken.
Hilfreich sind Tischkarten in zweierlei Hinsicht: Zum einen sieht jeder Gast sofort, wo er Platz nehmen soll, was unnötiges Gedränge vermeidet. Zum anderen ist es möglich, Personen zusammenzubringen, von denen man weiß, daß sie sich etwas zu sagen haben oder diejenigen voneinander zu trennen, die sowieso immer zusammensitzen.

Dekoration

Ohne Dekoration geht nichts! Zu jedem gelungenen Fest gehört auch eine Verschönerung der Umgebung, und alles kann mit einbezogen werden: der Raum, die Wände und natürlich der Tisch. Erlaubt ist, was gefällt!
Ob Sie nun alltägliche Gegenstände verfremden, indem Sie eine Schraube zum Messerbänkchen erheben oder Serviettenringe aus Vorhangringen, geknoteten Gräsern, Stoffstreifen, Kunststoffolien oder Stöpselkettchen auf den Tisch bringen – der Effekt ist da!
Probieren Sie Lurexstoff als Unterlage aus, und dekorieren Sie ihn mit Tüll; verwenden Sie Bänder in allen Breiten, Farben und Materialien; streuen Sie Glimmer, Muscheln, Murmeln, Blätter, Nüsse, Corn-flakes, Tomaten, Kandis, Blümchen oder Geschenke über den Tisch. Lassen Sie nichts unberücksichtigt, was eine Struktur hat.
Natürlich können Sie auch größere Einzelteile malerisch drapieren; setzen Sie mit Obst aus Glas, Marmor, Porzellan oder Holz ganz neue Akzente, kreieren Sie aus Früchten, Muscheln und Blumen ein Stilleben als Blickfang.
Gestalten Sie mit Blumen und vielen Blättern ein Bouquet, und vergessen Sie dabei vor lauter Begeisterung nicht, daß die meisten Menschen nur ungern „durch die Blume" mit ihrem Gegenüber sprechen. Mischen Sie Wiesen- und andere Blumen. Lassen Sie Girlanden über den Tisch laufen. Je mehr, desto besser! Einzig und allein bei einer eleganten Tafel sollte man sich ein wenig bremsen. Ein silberner Kerzenleuchter, einige Gestecke sowie einzelne Glas- oder Porzellanfiguren sind in diesem Fall genug.
Mit einem der festlichen Tafel entliehenen Element, der Karaffe, lassen sich auch sonst stimmungsvolle Effekte erzielen, wenn man viele verschiedene – aus Glas, geschliffen und ungeschliffen, mit und ohne Silberverzierung – auf einem Tisch kombiniert.
Versuchen Sie außerdem einmal, Kerzenleuchter auch für den Alltagstisch zu verwenden. Es muß ja nicht gerade einer aus Silber sein. Es gibt sie aus Glas, Porzellan, Keramik, Metall (Stahl), oder aber Sie zweckentfremden zum Beispiel ein Brot, in das Sie die Kerzen stekken. Wenn Sie keinen Kerzenleuchter nehmen wollen, genügen auch einfache normale Kerzen, Teelichter oder – als besonderer Effekt – Schwimmkerzen. Auf einem Tablett kann man mit ihnen ein richtiges Kerzenmeer schaffen. Je mehr Kerzen Sie nehmen, desto größer ist die Wirkung.
In jedem Fall sollten Sie Ihrer Phantasie freien Lauf lassen und bei der Planung der Dekoration auch das Ungewöhnliche in Ihre Überlegungen einbeziehen.

Messerbänkchen schützen die Tischdecke vor Verschmutzung und glitzern mit. Eine Zitronenscheibe in der Fingerschale hilft bei der Reinigung der Finger. Blütenblätter aus dem Tischbouquet verwandeln das nüchterne Schälchen in einen kleinen Blütensee.

Ein Ragoutunterteil, mit Mosy gefüllt, dient als Vase. Aus dem gleichen Service wie das Tafelporzellan, gibt es als flaches Gefäß die Möglichkeit, das Gesteck niedrig zu halten (sich gegenüber Sitzende sind nicht durch eine Blumenwand getrennt).

Ton-in-Ton und glänzend: Satinbänder in verschiedenen Breiten überziehen die Damastdecke.
Die passenden, zu Bischofsmützen gefalteten Servietten geben der Dekoration Höhe und gleichen sie den hohen, eleganten Gläsern an.
Der Grundton Rosa, ursprünglich dem Mobiliar entlehnt, wird mit den Rosen als Farbtupfer im Strauß weitergeführt. Die gelben Rosen und Zinnien setzen einen Kontrast und harmonieren mit den Blumenkerzen.

Geburtstagsfrühstück (Seite 84)

Hochzeitstafel (Seite 88)

Taufessen (Seite 78)

Vorschlag 1: Dekorieren Sie Ihren Tisch mit ungewöhnlichen Vasen, Blumengirlanden, Kerzenleuchtern sowie einzelnen ausgesuchten Gegenständen.

Vorschlag 3: Kombinieren Sie mehrere Karaffen, üppig gefüllte Obstschalen und einzelne ausgefallene Dekorationselemente, hier z.B. Muscheln.

Vorschlag 2: Verwenden Sie ausgefallene Stoffe, Servietten in sensiblen Nuancierungen, Bänder in verschiedenen Breiten und Farben.

Vorschlag 4: Arrangieren Sie ein üppiges Blumenbouquet aus Gräsern, Blättern und Blütenzweigen sowie Wiesen- und anderen Blumen.

Begrüßungscocktail (Seite 76)

Candelight-Dinner (Seite 72)

Abendessen (Seite 66)

Serviettenfalten

Zu einem festlich gedeckten Tisch gehören Servietten aus Stoff. Sie zu kunstvollen Gebilden zu falten ist nicht ganz einfach; ohne vorheriges Üben, sozusagen auf Anhieb, dürfte es nur in den seltensten Fällen klappen.
Ausgangsmaterial sind 40×40 oder 50×50 Zentimeter große Stoffservietten, die, fertig gefaltet, auf den Platzteller gestellt werden.

Wellen

Legen Sie die Serviette mit der linken Seite nach oben. Falten Sie sie in der Mitte nach oben.

Für die einfache Welle rollen Sie die Serviette von links bis zur Mitte ein.

Für die zweifache Welle schlagen Sie nun auch noch die rechte Seite der Serviette nach unten ein.

Bei der dreifachen Welle ist der erste Schritt mit dem bei der einfachen Welle identisch.

Nun wird die rechte Seite nach unten eingeschlagen.

Die Serviette in der Mitte etwas anheben und nach rechts zur Welle legen.

Rollen Sie jetzt auch die linke Seite nach oben ein.

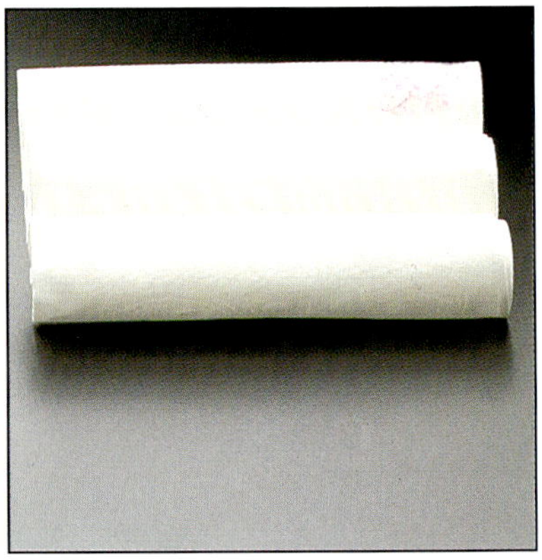

So sieht die fertige dreifache Welle aus.

Lilie

Legen Sie die glatte Serviette mit der linken Seite nach oben auf die Spitze.

Klappen Sie die obere Spitze nach unten.

Dann werden die beiden äußeren Spitzen nach unten gefaltet.

Im Anschluß klappen Sie sie wieder nach oben.

Nun falten Sie die Spitze des unteren Blattes nach oben und schlagen diesen Teil nochmals ein.

Dieser gefaltete untere Teil wird bis zur Mitte hochgezogen.

Heben Sie die Serviette an, und stecken Sie die äußeren Ecken hinten zusammen.

Zuletzt werden die Spitzen links und rechts heruntergezogen und in den Rand gesteckt.

So sieht die fertige Lilie aus.

Bischofsmütze

Legen Sie die glatte Serviette mit der linken Seite nach oben vor sich hin.

Falten Sie die Serviette in der Mitte nach oben.

Jetzt wird die linke obere Ecke zur Mitte nach unten gelegt.

Die rechte untere Ecke wird zur Mitte nach oben gefaltet. Es entsteht eine Raute.

Wenden Sie die Serviette, so daß die Dreiecke unten liegen.

Falten Sie nun die Raute in der Mitte nach oben. Die Spitzen der Dreiecke müssen nach unten überstehen.

Das rechte Dreieck wird über die Querkante nach vorn übergeschlagen. Die Brüche alle fest andrücken.

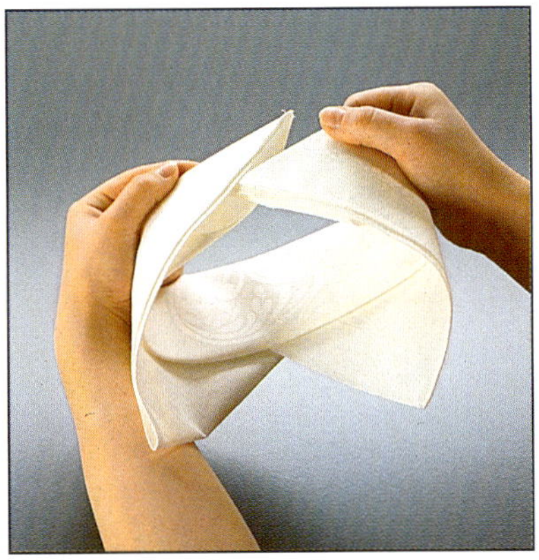

Drehen Sie die Serviette um, und stecken Sie die Ecken ineinander.

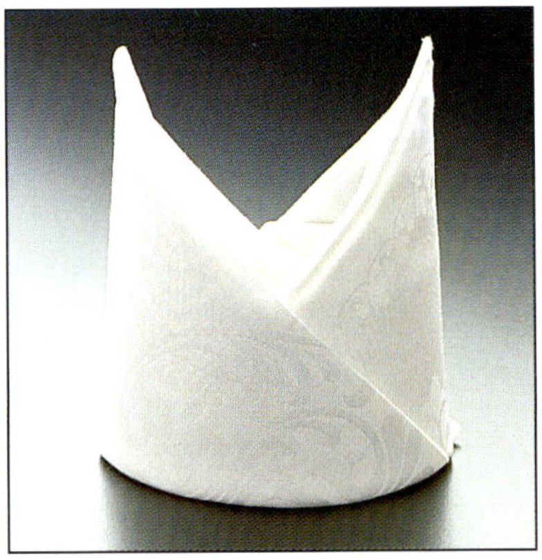

So sieht die fertige Bischofsmütze aus.

SPITZENFÄCHER

Die Serviette mit der linken Seite nach oben vor sich hinlegen.

In der Mitte nach unten falten.

Falten Sie das obere Blatt wieder zur Mitte, und wenden Sie die Serviette.

Das jetzt obere Blatt wird nach oben gefaltet und die Serviette um 90 Grad gedreht.

Legen Sie die schmale Seite im Ziehharmonikasystem gleichmäßig in kleine Falten.

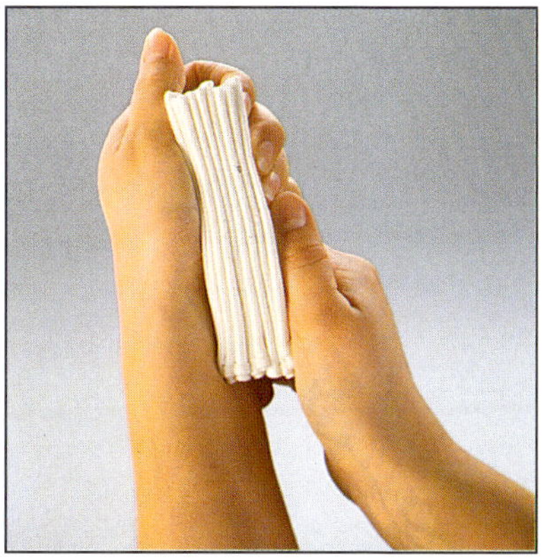

Pressen Sie die Falten gut zusammen, und nehmen Sie die Serviette mit den offenen Kanten nach unten fest in die Hand.

Nun ziehen Sie von den oberen geschlossenen Kanten auf beiden Seiten die inneren Ecken nach außen. Nach jedem Ziehen pressen.

Jetzt wird die Serviette auseinandergefaltet.

So sieht der fertige Spitzenfächer aus.

DAS GROSSE EINMALEINS DES TISCHDECKENS

Bevor Sie anfangen, einen Tisch zu decken, sollten Sie sich schon einmal einige grundlegende Gedanken gemacht haben. Wichtigster Punkt: Paßt der Tisch, der gedeckt werden soll, überhaupt in den vorgesehenen Raum? Und haben auch alle Gäste genügend Platz? Als Faustregel gilt: Jeder Eingeladene benötigt am Tisch etwa 60 bis 80 Zentimeter Platz, gemessen von Gedeckmitte zu Gedeckmitte, damit er seinem Nachbarn nicht ins Gehege kommt.

Runde Tisch sind für sechs bis acht Personen ideal; sie wirken gemütlich, und jeder kann sich mit jedem unterhalten. Ganz wichtig übrigens: verlängert man runde Tische, gehen Plätze verloren.

Rechteckige Tische können zu verschiedenen Formen zusammengestellt werden; je nach Anzahl der unterzubringenden Personen und der Größe der zur Verfügung stehenden Fläche gibt es die L-Form, die T-Form, die U-Form und die E-Form, um die gebräuchlichsten zu nennen. Probieren Sie aber immer alles aus, damit es am Ende keine Platzprobleme gibt.

Nicht zu vergessen außerdem: es müssen genügend Stühle in der richtigen Höhe vorhanden sein. Ein Tisch ist normalerweise um die 80 cm hoch; der entsprechende Stuhl muß eine Sitzhöhe von ungefähr 47 Zentimetern haben, wenn man den Tisch nicht aus der Frosch- oder Vogelperspektive betrachten will.

Wenn nun alle Vorbereitungen getroffen sind, das Menü und die Getränke ausgewählt wurden, bleibt als einzige Hürde noch das dem Rahmen entsprechende Dekken des Tisches. Welches Glas kommt wohin, wie werden Teller und Besteck plaziert, wohin mit der Serviette? Fragen über Fragen, die alle beantwortet sein wollen.

Wenn das Moltontuch keinen Gummizug hat, können Sie es mit Bändchen an den Tischbeinen festbinden, so daß es nicht verrutscht.

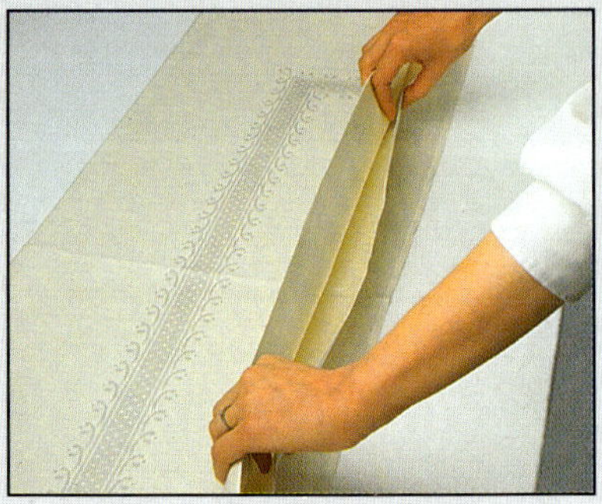

Oberbruch und Unterbruch heißen die Knicke die beim Zusammenfalten eines Tischtuches entstehen. Das Tuch mit beiden Händen nehmen, wie auf dem Foto zu sehen.

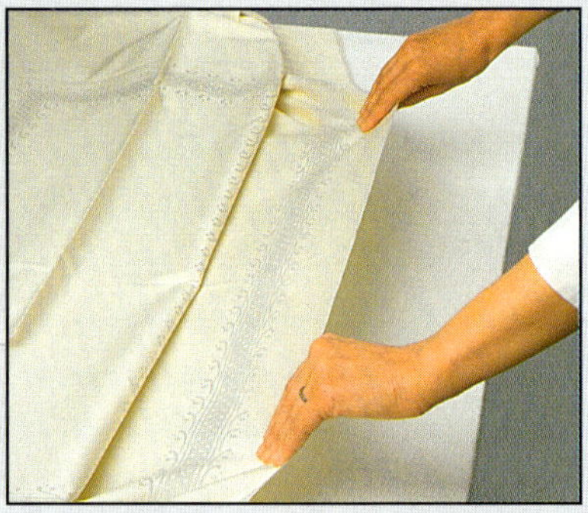

Den Oberbruch an der Längskante des Tisches anlegen, so daß das Tischtuch so weit überhängt, wie Sie es gerne hätten. Ziehen Sie das Tuch dann zu sich hin.

Das Tischtuch liegt glatt auf. Wenn Sie mehrere Tischtücher aneinanderlegen müssen, kommen die entsprechenden Brüche übereinander.

Beim Auflegen des Gedecks beginnen Sie entweder mit dem Platzteller oder mit der Serviette. Im ersten Fall wird die Serviette auf den Platzteller gelegt.

Das Besteck wird von innen nach außen gedeckt. Sie beginnen also mit dem Besteck für den Hauptgang.

Als nächstes decken Sie den Suppenlöffel. Für Suppentassen gibt es einen besonderen Suppentassenlöffel.

Wenn Sie als Dessert Käse reichen, liegt das kleine Besteck oberhalb des Gedecks. Das Glas für das Getränk zum Hauptgang steht oberhalb der Messerspitze.

Vor der Suppe wird eine kalte Fischvorspeise serviert.

Wenn Sie Brot und Butter reichen, steht links von der Gabel ein Brotteller mit einem kleinen Messer für die Butter.

Das Glas für das Getränk zur Vorspeise steht rechts unterhalb des Glases für den Hauptgang. Bei diesem Gedeck wird vor der Suppe eine kalte Vorspeise gereicht.

Als zweiten Gang nach der Suppe gibt es Fisch.

Das Dessertbesteck liegt oberhalb des Gedecks, wie auf dem Bild gezeigt. Beim Löffel zeigt der Stiel nach rechts, bei der Gabel nach links.

Das Glas für das dritte Getränk steht oberhalb der beiden anderen Gläser. Sie können es aber auch links oberhalb des Glases für den Hauptgang plazieren.

Als Vorspeise werden Schnecken im Gehäuse gereicht. Der Löffel wird zum Auffangen der Kräuter- oder Knoblauchbutter verwendet.

Gedeck Seite 33

Weißwein-, Rotwein- und Sektglas; Menü- und Tafelbesteck, Dessertlöffel; Platz- und Tafelteller; für: Vorspeise mit Weißwein, Hauptgang mit Rotwein, Dessert mit Sekt.

Gedeck Seite 49

Menübesteck, Kaffeelöffel; kleiner Teller, Kaffee- und Untertasse; für: herzhaftes Frühstück.

Gedeck Seite 54/55

Weißwein- und Sektglas; Suppenlöffel, Tafel- und Dessertbesteck, kleines Messer für Butter; Platz-, Tafel- und Brotteller; für: Suppe, Hauptgericht mit Weißwein, Dessert mit Sekt.

Gedeck Seite 68/69

Bierkrug; Fonduegabel, Steakmesser, Tafelgabel; Fondueteller; für: Fondue mit Bier.

Gedeck Seite 72/73

Sektschale, Weißweinglas; Menübesteck, Suppenlöffel, Tafel- und Dessertbesteck, kleines Messer für Butter; Tafel- und Brotteller; für: Vorspeise mit Sekt, Suppe, Hauptgericht mit Weißwein, Dessert.

Gedeck Seite 74/75

Wasser- und Rotweinglas; Suppenlöffel, Tafelgabel; Tafel-, Suppen- und Brotteller; für: Pasta-Essen mit Rotwein und Wasser.

Gedeck Seite 78/79

Sherry-, Rotwein- und Sektglas; Suppentassenlöffel, Tafelbesteck, Dessertlöffel, kleines Messer für Butter; Platzteller, kleiner Teller, Suppentasse, Brotteller; für: Aperitif (Sherry), Suppe, Hauptgang mit Rotwein, Dessert mit Sekt.

Gedeck Seite 85

Sekt- und Weißweinglas; Suppenlöffel, Menü- und Tafelbesteck, Dessertgabel; Platz- und Tafelteller; für: Suppe, Vorspeise mit Sekt, Hauptgericht mit Weißwein, Dessert.

Gedeck Seite 106/107

Weißwein- und Sektglas; Tafel-, Fisch- und Dessertbesteck, kleines Messer für Butter; Platz- und Brotteller; für: Vorspeise und Fischgang mit Weißwein, Dessert mit Sekt.

HILFSMITTEL

Damit beim Feiern und bei einem schönen Essen alles reibungslos und ohne Pannen läuft, gibt es einige nützliche Helfer.
Den Beistelltisch stellen Sie am besten direkt neben den Eßtisch, damit Sie keine langen Wege zurücklegen müssen, um nachzuschenken oder nachzuschöpfen.
Bei den Rechauds sind besonders diejenigen zu empfehlen, die mit Teelichtern heizen. Die elektrischen Warmhalteplatten sehen sehr steril aus; außerdem ist das Kabel oft im Weg.
Stövchen sind meistens aus Glas oder Keramik. Sie können sie verwenden, um Tee oder Kaffee warm zu halten.
Thermoskannen sind zwar sehr effizient, was das Warmhalten von Tee oder Kaffee anbelangt. Allerdings rinnen sie oft, und die guten sind nicht ganz billig.
Wenn Sie einmal — für Eistee zum Beispiel — viel Eis auf einmal brauchen, ist ein Würfeleisbehälter sehr praktisch. Es gibt ihn aus Glas und Metall.
Wein- und Sektkühler aus Edelstahl oder versilbertem Edelstahl geben einem festlich gedeckten Tisch das gewisse Etwas. Sie werden halb mit kaltem Wasser und halb mit Eiswürfeln gefüllt. Für weniger feierliche Anlässe gibt es auch Weinkühler aus Ton und Sektkühler aus Acryl.
Pfeffer- und Salzmühlen sowie Essig- und Ölflakons brauchen Sie, wenn Ihre Gäste — zum Beispiel bei einem italienischen Abend — den Salat selbst anmachen.
Fingerschalen können Sie auf den Tisch stellen, wenn etwas mit den Fingern gegessen wird, beispielsweise Austern, Artischocken, Muscheln, Schalentiere usw. Die Schale wird halb mit lauwarmem Wasser gefüllt; hinein kommt ein Stückchen Zitrone. Dazu gehört eine Serviette, an der man sich die Hände abtrocknen kann.

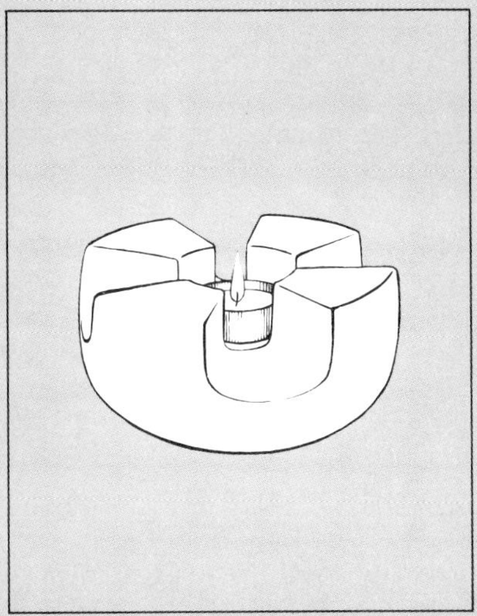

Stövchen

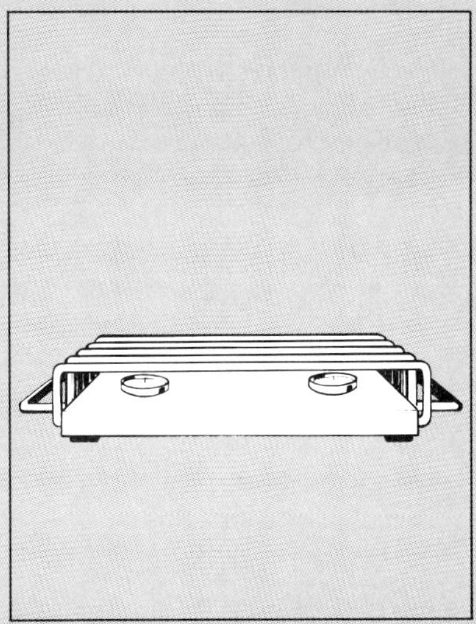

Rechaud

Sektkühler

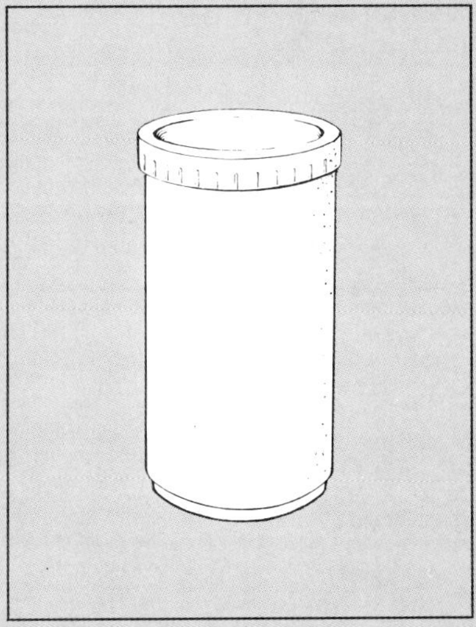

Weinkühler

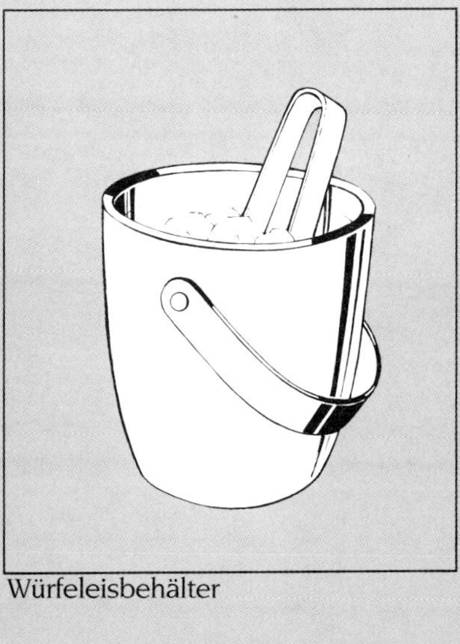

Würfeleisbehälter

Fingerschale

Das grosse Einmaleins des Servierens

Um einen festlichen Tisch stilvoll zu decken, sind erlesenes Tafelgeschirr, kostbare Gläser, edle Bestecke und eine elegante Dekoration unerläßlich. In einem solchen Rahmen sollten auch das Essen und die Getränke gekonnt aufgetragen werden, d.h. entweder von rechts oder von links.

Von rechts:
Eingießen von Wein und anderen Getränken in die dafür bereitstehenden Gläser;
Einsetzen von Getränken in Gläsern, von Speisen und von leeren Tellern für den nächsten Gang;
Abräumen der Gläser, des Geschirrs und der Bestecke.
Generell kann man sagen, daß das, was von rechts eingesetzt wird, auch von rechts wieder abgeräumt wird.

Von links:
Präsentieren von Platten vor dem Servieren;
Reichen der Speisen in einer Schüssel oder auf einer Platte zum Selbstbedienen;
Vorlegen der Speisen von Platten oder aus Schüsseln auf den Teller;
Servieren von Salat, wenn dieser zu einem Gericht gereicht wird. Auch hier gilt, daß das, was von links eingesetzt wird, auch von links wieder ausgehoben wird.

Im Prinzip serviert man eine kalte Vorspeise vor einer heißen Suppe; warme Vorspeisen dagegen kommen nach der Suppe auf den Tisch. Leichte Speisen werden vor schweren serviert, Fisch kommt vor Fleisch. Zwischen zwei Hauptgängen empfiehlt sich ein Zwischengang, zum Beispiel ein Sorbet. Der Käse folgt auf den letzten Hauptgang, da der angebotene Wein meist zu beidem paßt. Den Abschluß bilden eine Süßspeise, Kaffee, Cognac und eventuell Petits fours.
Beim Wein gilt ebenfalls die Regel, daß der leichtere vor dem schwereren getrunken wird. Und wer nicht zwischen Weiß- und Rotwein wechseln möchte, der ist mit einem Rosé als Kompromiß gut beraten. Zum Servieren am Tisch hier noch einige zusätzliche Hinweise.

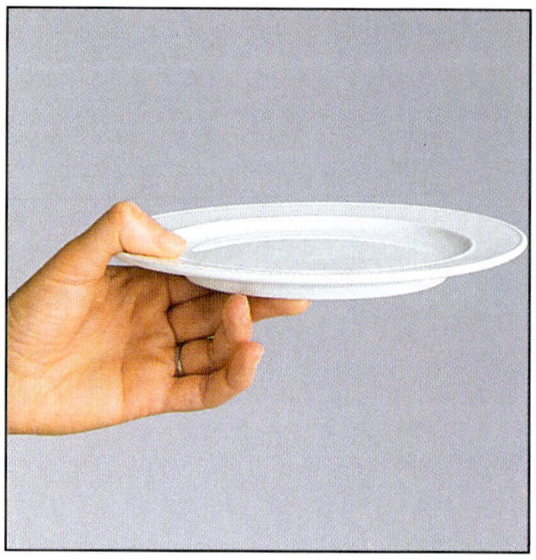

Tellertragen (I. Variante): Den ersten Teller nehmen Sie zwischen Daumen und Zeigefinger.

Der zweite Teller wird unter den ersten geschoben. Teller liegt auf Teller. Der Zeigefinger darf nicht dazwischengeraten.

Den zweiten Teller stützen Sie mit Mittel- und Ringfinger sowie mit dem kleinen Finger ab.

Tellertragen (2. Variante): Ersten Teller zwischen Daumen und Zeigefinger nehmen; Hand abwinkeln. Die anderen Finger nach oben stellen und den zweiten Teller plazieren.

So kann man auch gut abräumen. Auf den oberen Teller werden maximal sechs weitere gestellt. Reste und Besteck kommen auf den unteren Teller.

Diese zweite Variante des Abräumens entspricht der ersten des Tellertragens.

Wein einschenken: Halten Sie die Flasche so, daß das Etikett in jedem Fall freibleibt.

Bei Weißwein werden zwei Drittel des Glases gefüllt, bei Rotwein lediglich gut ein Drittel. Beim Eingießen das Glas nicht berühren.

Um zu vermeiden, daß die Flasche tropft, wird sie am Ende des Eingießens aus dem Handgelenk heraus kurz nach oben gedreht.

Vorlegen: Nehmen Sie das Besteck locker in die Hand. Schieben Sie Ihren Zeigefinger zwischen Gabel und Löffel, so daß die Gabel auf und ab bewegt werden kann.

Soll die „Zange" geschlossen werden, um zum Beispiel eine Scheibe Fleisch zu greifen, ziehen Sie einfach den Zeigefinger weg.

Wenn Sie beim „Zangengriff" die Gabel umdrehen, können Sie damit Brötchen oder Gebäck greifen.

Es ist ange-richtet

Frühstück

Selbst ausgeprägte Morgenmuffel vergessen beim Anblick eines liebevoll gedeckten Frühstückstischs ihre schlechte Laune. Und wer hat nicht schon selbst die Erfahrung gemacht, wieviel besser man in den Tag startet, wenn man ausgiebig und in angenehmer Umgebung gefrühstückt hat, statt im Stehen eine Tasse Kaffee hinunterzustürzen? Ganz Eilige verzichten sogar noch darauf und ahnen gar nicht, was sie versäumen.

Warum nicht zum Verwöhnen ein französisches Frühstück mit Café au lait, Croissants, Brioches und Baguette? Dazu gibt es Butter und hausgemachte Konfitüre.

Für den Sonntag können Sie dann ein Frühstück aus dem Traumland aller passionierten Frühstücksfans, Großbritannien, zusammenstellen. Noch vor dem Anziehen trinken Sie, gemütlich im Bett liegend, eine Tasse Tee, bis sie so richtig wach sind. Das Frühstück selbst fängt mit einem köstlichen Porridge an, der mit Zucker und Sahne angereichert wird. Wenn der Magen es verträgt, nehmen Sie anschließend gebratenen Speck, Würstchen und Pilze; wer mag, kann auch Räucherfisch essen. Für zartere Naturen gibt es Rührei mit Tomaten. Dann reichen Sie Toast mit Salzbutter und einer Zitrusfruchtmarmelade. Weniger üblich sind in England rote Konfitüren zum Frühstück. Das Ganze wird gekrönt von mehreren Tassen englischen Tees mit Milch.

Farben, die oft nur im Vorübergehen genossen werden, leuchten auf dem Tisch. Blätter, auf Herbstspaziergängen gesammelt und gemischt mit künstlichen und echten Früchten, sowie Teelichter in den Eierbechern sorgen für einen behaglichen Tagesanfang. Die Tischdecke in grobem, die Servietten in feinem dunkelbraunem Leinen ergeben einen ruhigen und farblich stabilen Untergrund. ▷

Aufmunterung zum Frühstück: Ein ausgedientes Kalenderblatt, von dem man sich nicht trennen mag, dient als Set und entfaltet unter einer klaren Kunststoffolie noch lange seinen Charme. ▽

Unzählige Kerzenherzchen, auf der Küchenbar entzündet, lassen auch den müdesten Morgenmuffel munter werden. ◁

Ein sanftes „Guten Morgen" strahlt die lavendelfarbene Tischdecke aus. Mit den Servietten ist sie auf das Porzellandekor abgestimmt. ▷

Die Sommersonne ist auf dem Tisch leicht einzufangen! In die Mitte des Tisches plaziert man eine tiefe Schüssel und legt eine Kunststoffdecke hinein, die man mit ein paar Steinen beschwert. Mit Wasser gefüllt und mit Blumen verziert, wird sie zum Teich: mit Eis zum Kühler für Getränke, Salat und Früchte. ▽

Brunch

Wer sonntags gerne lange schläft, wird meist über kurz oder lang ein treuer Anhänger der aus Amerika zu uns gekommenen Einrichtung namens Brunch. Weder Frühstück noch Mittagessen, ist er eine gelungene Mischung aus beidem.
Natürlich kann man dazu auch gleichgesinnte Freunde einladen und ein richtiges Fest daraus machen, das am späten Vormittag beginnt und bis in den Nachmittag hinein dauert – oder noch länger. Brunch bedeutet auch, daß Sie sich als Gastgeber ebenfalls ein bißchen Ruhe und Muße gönnen, da alles, was dazu nötig ist – Gläser, Geschirr und Servietten, Essen und Getränke –, auf einem Büfett aufgebaut wird. Um Tee und Kaffee warm zu halten, brauchen Sie Stövchen; das Essen wird, wenn erforderlich, auf Rechauds gestellt. Auftischen können Sie alles, was es nur gibt: Müsli, Porridge, Marmelade, Honig, Wurst, Käse, Eier, Pasteten, alle Sorten Brot, Salate, Steaks, Würstchen, Suppe, Obst, Kuchen und Süßes zum Nachtisch. Der Phantasie sind keine Grenzen gesetzt. An Getränken schätzen die meisten außer Tee, Kaffee und Säften auch mal ein kühles Blondes, einen guten Wein oder ein Gläschen Sekt.
Da sich jeder selbst bedient und seine schmutzigen Sachen auch wieder wegräumt, ist das Ganze auch für den Gastgeber eine ungetrübte Freude.

Früchtedekorationen müssen nicht immer zum Anbeißen sein! Ein Arrangement aus künstlichem Obst ist oft das „Tüpfelchen auf dem I". △

Ein Brunchbüfett benötigt viel Platz; Tische und Tischdecken müssen herbeigezaubert werden. Böcke, Platten, Tapetentische und ähnliches dienen als Untergestell. Einfach und effektvoll kaschieren Stoffe vom laufenden Meter die Unterlage. Hier ergänzen sich ein großes Stück gechintzter Dekorationsstoff und ein glänzender Unitaft. Restposten und Faschingsstoffe eignen sich hervorragend. Besonderen Glitzer ergibt eine in die Blumen eingewebte, lange Lichterkette. ◁

Mittagessen

Ein warmes Mittagessen, jeden Tag pünktlich auf dem Tisch und in Ruhe genossen, das gibt es immer weniger. Wer berufstätig ist, kann da ein Liedchen singen: mittags meistens nur eine Kleinigkeit, die – oft kalt – eilig verzehrt wird; das warme Essen dann abends.

Wenn Sie jedoch die Gelegenheit haben, mittags zu Hause warm zu essen, werden Sie die Errungenschaften der Neuzeit in Form von feuerfestem Porzellan, Glas oder Steingut zu schätzen wissen, in denen das Essen direkt vom Herd auf den Tisch kommt.

Sonntags sieht das natürlich ganz anders aus; man hat und nimmt sich viel Zeit. Endlich kann man einmal so richtig genießen, was sich vom besonders liebevoll gedeckten Tisch bis zu den mit Phantasie kreierten Menüfolgen in allem – nicht zu vergessen die besonders ausgewählten Getränke – niederschlägt.

Harmonischer Zusammenklang fürs Auge: Das Porzellan, das Glas und das Besteck wurden zusammen entworfen. Die Farbe der Tischwäsche und die außergewöhnliche Form der Anthurienblüten runden das ästhetische Bild ab. ▷

Gute Laune breitet sich auf dem Tisch aus: Die Papierservietten changieren in verschiedenen Farben und werden von Serviettenringen aus Muscheln gehalten. Aus anderen Muscheln heraus blühen Lilien, Palmblätter sind zu braven Sets geflochten und lassen noch den Südseewind ahnen. ▷

Streublümchen auf dem Porzellan und in der Vase. Die Federschmetterlinge aus dem Blumenladen oder dem Papierwarengeschäft vermitteln den Eindruck von Sommer. ◁

Ein Schnäppchen vom Restetisch paßt die Stimmung der gelben Unterdecke dem südländischen Eintopf an und wird ergänzt durch das rote Brottuch und den Serviettenring aus gedrehter Kordel. ▽

KAFFEEKRÄNZCHEN

Heiß wie die Hölle und schwarz wie der Teufel muß es sein, dieses Getränk, das man in allen möglichen Variationen beim Kaffeeklatsch zum Kuchen genießen kann.

Da gibt es den klassischen Mokka, der, stark gesüßt, aus besonderen Mokkatassen getrunken wird.

Aus Irland stammt der Irish coffee. In ein angewärmtes Glas kommen Whiskey und Zucker; beides wird gut miteinander verrührt. Dann mit heißem Kaffee auffüllen und mit einem Häubchen aus leicht geschlagener Sahne krönen. Wenn Sie möchten, können Sie den Whiskey auch flambieren.

Im Sommer können Sie einmal den Wiener Eiskaffee ausprobieren. Schlagen Sie süße Sahne steif, und geben Sie Zucker dazu. Füllen Sie die Hälfte davon in ein Gefäß, das Sie so lange ins Gefrierfach stellen, bis die Sahne halb gefroren ist. Erkalteten Kaffee dazugießen und das Ganze erstarren lassen. Auf Becher verteilen, mit der restlichen Sahne verzieren und servieren.

Irish coffee hält Leib und Seele zusammen. Mit kleinen und großen Mokkabohnen gefüllte Pralinenhütchen auf Spitzendeckchen passen gut zu dem wärmenden Getränk. ◁

Mokka läßt an den Orient und Märchen aus Tausendundeiner Nacht denken. Mit schwerem Veloursstoff, Fransen, exotischen Hibiskusblüten, vergoldetem Porzellan und Besteck wurde diese Sonntagnachmittagsstimmung eingefangen. ◁

Ferien in Italien lassen sich in strahlender Sonne auf der eigenen Terrasse verlängern. Mitbringsel wie Sets, Zuckertütchen oder Gebäck helfen dabei. ▷

CAFFE'
DEL CAMBIO

Die klaren Linien des Jugendstildekors werden in der Dekoration fortgeführt. Das Gold des Porzellans leuchtet noch stärker durch das in verschiedenen Nuancen vertretene Gelb. ▽ ▷

Klar hebt sich die Form der Efeuranken hervor, die auch den Kerzenleuchter umschlingen. ▽

Bänder, die auf dem Tisch beginnen, formen zwischen den Blüten Schleifen, die von Blumendraht gehalten werden. ▷

Teestunde

Abwarten und Tee trinken! Teegenießer lieben die Zeremonie der Teezubereitung, angefangen vom Vorwärmen der Kanne bis zum Servieren des aromatischen Gebräus.
Der Tee gehört zu den ältesten Getränken der Welt, und dementsprechend weit verbreitet ist er. Im Fernen Osten, in Europa, in Südamerika und in Arabien, überall kennt und schätzt man ihn.
Es gibt unzählige Sorten; ganz grob kann man Schwarztee, Kräutertee und Früchtetee unterscheiden. Der Schwarztee wird durch sein Herkunftsgebiet charakterisiert, bei Kräuter- und Früchtetees sind – wie ihr Name schon besagt – die Kräuter und Früchte entscheidend, aus denen er hergestellt wurde.
Tee hat eigentlich immer Saison, ob Sie ihn zum Frühstück, als schnelle Tasse zwischendurch oder zum Abendbrot trinken, er paßt eigentlich zu allem. Auch jahreszeitlich ist er nicht gebunden. Im Sommer als Eistee, im Winter als Punsch – getrunken wird er immer. Dennoch feiert er in der kalten Jahreszeit einen kleinen Höhepunkt, denn wenn es draußen so richtig schön kalt ist und drinnen das Stövchen ein warmes Licht verbreitet, dann ist das der Inbegriff von Gemütlichkeit, und das ganz besonders bei einem romantischen „Tea for two".
Man kann Tee entweder pur, mit Milch, Sahne oder Zitrone trinken. Zum Süßen gibt es braunen und weißen Kandis, braunen Rohrzukker und weißen Kristallzucker. Wenn Sie möchten, können Sie auch hauchdünne Schale von unbehandelten Zitrusfrüchten, Zimt, Nelken oder – besonders im Winter – Rum und Weinbrand verwenden, um ihn ein bißchen „aufzumöbeln".

„Tea Time" ist den ganzen Tag! Eine ganze Zeremonie ist ihm zwar nicht gewidmet in unseren Breiten, aber guter Tee verdient schönes Porzellan und Silber. Englisches Gebäck, wie „scones" und „buns" und „brown sugar" machen ihn besonders englisch. ▷

„Tea for two" zum freudigen Staunen: Ein Felsenmeer aus Kandiszucker umrahmt das schwarze Porzellan, das mit einer einzelnen Baccararose betont wird, die mehr sagt als Worte es können. ▽

Tropisches Ambiente für heiße Sommertage: Bambusrohre aus Kunststoff, schwarz lackiert; ein großes Blatt, mit Wasser besprüht (hier ein Bananenblatt); 2 Frösche (auch Kunststofffrösche haben ihren Reiz!); ein Serviettenring, originell geschnitzt. Natürlich wird Eistee gereicht, dazu japanisches Reisgebäck. ◁

Inhalt: das klassische Getränk Tee. Hülle: New Wave auf dem Porzellan und auf dem Tisch. Die Rolle der Tischdecke hat Kunststoffolie in der Farbe des Dekors übernommen; en passant spielt sie, zu Streifen geschnitten und geknotet, Serviettenring. Die Servietten selbst drehen sich zu spitzen Tüten, die Tischkarten aus Glanzpapier eifern dem Dekor nach. Weingummifröschchen sorgen im Verein mit anderen Süßigkeiten in Dekorfarben für munteres Treiben. ▷

Abendessen

Besonders in südlichen Ländern ist das Abendessen die Mahlzeit des Tages. Endlich ist die ganze Familie beisammen, Freunde kommen dazu, und schon ist – ganz spontan – das schönste Fest im Gange. Denn wann sonst hätte man – außer am Wochenende – schon die Zeit, ausgiebig zu tafeln und sich entspannt zu unterhalten. Ihnen bleibt die Qual der Wahl, ob Sie ein kaltes oder ein warmes, ein festliches oder ein rustikales, ein klassisches oder ein modernes, ein ausgiebiges oder ein kleines Abendessen arrangieren wollen.

Auch der kühle Empfang will gestaltet und nach dem ersten Eindruck zum herzlichen Willkommen werden. Zutaten sind: Tischdecke aus versilbertem, geprägtem Kunststoff, Serviettenringe aus Stöpselkettchen, Messerbänkchen aus Schraube mit Kontermutter (Eisenwaren), Lichterketten (Dekogeschäfte) in Mensuren (Laborbedarf) und über den Tisch gekringelt. Die Mensuren sind gleichzeitig ungewöhnliche Vasen. ◁ ▽

Ländliche Wärme strahlen natürliche Materialien in Erdfarben aus. Die Holztöne der Salatschüssel, der Tischplatte und der Brettchen harmonieren mit dem Haferstrauß und den Broten. ▷

Eine eher lockere Form des Abendessens ist das Fondue. Ähnlich wie der Brunch erfreut es sich immer größerer Beliebtheit. In beiden Fällen ist der Grund derselbe: anstatt stundenlang in der Küche stehen zu müssen, um ein Essen zu zaubern, dessen Überreste dann wiederum in stundenlanger Arbeit beseitigt werden müssen, können bei einem Fondue auch die Gastgeber entspannt einem gemütlichen Abend entgegensehen.

Als Grundausrüstung benötigen Sie lediglich einen Fonduerechaud, einen Fonduetopf, Fondueteller und Fonduebesteck – fertig!

Die Zahl der Fonduerezepte ist Legion. Es gibt Fondues mit Öl, Fondues mit Brühe, Käsefondues und süße Fondues; die Zutaten lassen sich endlos variieren.

Fondues mit Öl (Fondue bourguignonne) werden hauptsächlich für Fleisch verwendet; Fondues mit Brühe (Fondue chinoise) nimmt man eher für Gemüse. In ein Käsefondue können Sie alles Mögliche stippen, von geröstetem Weißbrot über Gemüse bis zu Obst. Bei den süßen Fondues werden Fruchtstücke in heiße Schokolade getaucht, was Kinder ganz besonders lieben.

Zum Fondue wird Bier oder Wein getrunken, das fettreiche Käsefondue verträgt auch schon einmal ein Kirschwasser.

Fondue mit Waldillusion: Auf einer rustikalen Holzplatte, unter dem Fonduetopf, den Schüsselchen und den Tellern, breiten sich im Wald aufgesammelte Rindenstücke von Birken, Lärchen, Fichten und bemoosten Buchen aus. ◁

Begrünt wird diese Landschaft mit Scirpusgras vom Gärtner. △

Tomaten zeichnen zusammen mit den Servietten rote Farbakzente. Als Ablage für Messer und Fondiespieß halten Douglastannenzapfen her. ◁

Ein großes Diner einmal nicht anläßlich eines Jubiläums, eines Geburtstags oder einer Hochzeit, sondern „nur" für gute Freunde? Warum nicht! Stilvoll kann schon die Einladung sein; wer möchte, kann sie drucken lassen.

Sehr viel Sorgfalt ist bei der Tischgestaltung erforderlich, denn der gedeckte Tisch ist – fast – das erste, was Ihre Gäste sehen. Besteck, Geschirr, Gläser, Servietten, Blumen – alles bildet eine harmonische, festliche Einheit. Um das außergewöhnliche Ambiente des Abends zu unterstreichen, können Sie einen besonderen Blickfang vorsehen, der „auf den ersten Blick" etwas von der Exklusivität des Anlasses vermittelt.

Eine gefühlvolle Variante des großen Diners ist das Candlelight-Dinner, das an Romantik, Kerzenlicht und Verliebtsein denken läßt. Leise Musik im Hintergrund, ein prasselndes Kaminfeuer, bequeme Fauteuils, dazu eine traumhaft schön gedeckte Tafel, vielleicht in Weiß und Silber oder frühlingshaft in zarten Pastelltönen.

Gepflegtes Essen und ein guter Wein machen das Candlelight-Dinner perfekt.

Überraschung am Abend: Wölkchen ziehen nicht nur übers Porzellan, sondern auch über den Tisch. Des Rätsels Lösung ist Trockeneis (Kältetechnik) in heißem Wasser. Es darf zwar nicht mit Haut in Berührung kommen, ist aber nicht gesundheitsgefährdend und optisch äußerst wirkungsvoll. Große Einzelblüten, beispielsweise von Sonnenblumen, Chysanthemen, Dahlien oder Pfingstrosen, werden kurz abgeschnitten, in mit Wasser gefüllte Tellerchen gelegt und schmücken die Flächen zwischen dem Porzellan und den Gläsern. ◁

Candelight-Dinner so richtig romantisch. Blütenfülle verzaubert den Tisch zur Orchideenzeit (etwa Dezember bis Mai). Die Zweige stekken in kleinen Wasserröhrchen (Blumenhändler) und halten sich auf diese Weise lange frisch. Einzelne Blüten fügen sich in Bänder und Schleifen, die mit Stecknadeln unsichtbar auf die Damastdecke geheftet sind. Schattierungen von Pink bis Altrosé schimmern im Einklang mit dem Kerzenlicht. ▷

POMMERY

Zur Abwechslung können Sie ein Abendessen mit Freunden auch unter ein bestimmtes Motto stellen, von dem Sie wissen, daß jeder etwas damit anfangen kann. „Italien" gehört bestimmt dazu! Holen Sie also dieses südliche Land zu sich nach Hause, indem Sie das Essen, die Getränke, die Dekoration, einfach alles auf das Thema abstimmen. Sagen Sie Ihren Gästen, daß die Mitbringsel in die Gestaltung einbezogen werden.
Was Italien geradezu prädestiniert, Thema eines ganzen Abends zu werden, an dem sich Freunde zu einem Essen treffen, ist die Tatsache, daß es eine lange Feinschmekkertradition hat.
Servieren Sie zunächst Antipasti, die erst so richtig Appetit machen auf das Kommende; dann Pasta, gefolgt von Fisch, Fleisch oder Geflügel; ein köstliches Dessert rundet die Speisenfolge ab. Dazu gibt es einen der zahlreichen italienischen Rotweine; außerdem können Sie – wie in Italien – klares Wasser anbieten. Frisches Weißbrot gehört übrigens ebenso auf den Tisch wie Salz- und Pfeffermühlen sowie Essig- und Ölflakons, die die Gäste brauchen, um sich den Salat selbst anzumachen. Ganz zum Schluß reichen Sie einen starken Espresso, der der Verdauung hilft und einer allzufrühen Müdigkeit entgegenwirkt.

Kirsch- und Fleischtomaten purzeln im Kontrast zu den gemalten Tischtuchtomaten munter auf dem Tisch herum. ◁

Ein dem Anlaß entsprechend verpacktes Mitbringsel in Klarsichtfolie, mit einem Band in den Farben der italienischen Flagge verziert. △

Tomatenparade für den italienischen Abend mit Gästen. Untergrund Wachstuch, obenauf Dekorationsstoff, aus dem auch die Servietten genäht sind. ◁

Bitte Platz zu nehmen

Verlobung, Hochzeit, Taufe – das alles sind Ereignisse im Leben einer Familie, die für immer im Gedächtnis bleiben. Zahllos sind die Möglichkeiten, solche Festlichkeiten zu gestalten: luxuriös oder gediegen, festlich oder salopp, große Tafel oder kleiner Rahmen – die Auswahl ist wirklich riesengroß. Wichtig ist allein, daß jedes Fest sorgfältig organisiert wird, um unliebsame Überraschungen möglichst schon im Vorfeld auszuschalten.

Taufe

Nun ist er da, der neue kleine Erdenbürger, und die Taufe ist der erste feierliche Anlaß in seinem jungen Leben, bei dem er im Mittelpunkt steht oder besser: liegt.
Findet die Taufe am Vormittag statt, können Sie vorher ein Sektfrühstück genießen und danach zu einem kleinen Mittagessen einladen. Bei einem Tauftermin am Nachmittag würdigen Sie den Anlaß mit einer Kaffeetafel oder aber mit einem abendlichen Essen.
Die Gestaltung der Tische ist sehr dezent, pastellige Farben haben den Vorrang. Sehr hübsch kann eine weiß gedeckte Tafel aussehen, die mit pastellfarbenen Blumen geschmückt ist. Stoffservietten und Tischtücher in den gleichen Farben runden das Ganze ab.

Dragées heißen die mit Zucker- und Schokoladenkruste überzogenen Mandeln, die in Frankreich bei keiner Taufe fehlen. Auf Tupfentüll verteilt, sind sie für Naschkätzchen als Leckerei sehr willkommen. ▷

Tülltuffs rahmen den Tisch festlich ein. Glimmereinschlüsse in der Unterdecke glitzern durch den Tüll, aus dem kleine rosa Söckchen hervorspitzen. ◁ △

Kindergeburtstag

Auch kleine Kinder geraten schon völlig aus dem Häuschen, wenn ihr Geburtstag näherrückt, und je mehr Freunde und Freundinnen eingeladen werden, desto mehr Spaß macht die Sache.
Sie müssen sich also auf eine ganze Schar quicklebendiger kleiner Gäste einstellen und alles kindgerecht planen, was besonders für die Auswahl des Essens gilt.
Am Nachmittag gibt's Kakao und Kuchen, beim Abendessen stehen Nudeln mit Tomatensauce oder Würstchen mit Kartoffelsalat hoch im Kurs; die unvermeidliche Limonade gehört dazu, sonst wäre die Geburtstagsfreude einfach nicht vollkommen.
Ganz wichtig ist eine lustige, bunte Dekoration, am besten aus Papier, damit es so richtig hoch hergehen kann beim Toben und Spielen.
Ältere Kinder feiern im Vergleich dazu dann schon recht „erwachsene" Geburtstage. Eltern würden dabei erheblich stören. Wahrscheinlich wird Ihre Unterstützung nur bei der Vorbereitung des Essens gefragt sein, vielleicht auch noch beim Dekorieren. Was das Essen anbelangt, so ist beinahe jedes Jahr etwas anderes „in", mal sind es Hamburger mit Salat, dann wieder Hühnchen mit „Pommes"; einzig und allein bei den Getränken gibt es einen langjährigen Dauerbrenner: Cola.
Ansonsten hat jede Clique ihre ganz eigenen Vorstellungen vom Feiern im allgemeinen und von Geburtstagen im besonderen. Überlassen Sie die Regie Ihren Kindern, dann wird das Fest schon gelingen.

Bevor der große Ansturm losgeht, haben Kinder Hexentreppen und Papierschiffchen aus Buntpapier gefaltet und für jeden kleinen Gast mit einem Miniauto verziert. Einen Traum haben sie sich auch erfüllt: endlos viele bunte Bonbons krabbeln aus allen Servietten und bedekken den Tisch. ▽ ▷ ▷

Für die älteren Kinder überzieht ein Baldachin aus Folie den Tisch. An der Vorderkante wurden mit einer Schablone Bögen hineingeschnitten. Die hierbei entstehenden Reste machen sich gut auf Foliendreiecken in einer zweiten Farbe. Luftballons und Riesenwindräder verwandeln den Raum gänzlich in einen „Festsaal". ▷

Die ebenfalls aus zwei Farben zusammengelegten Papierservietten flattern elegant aus den Kaffeetassen. △

Sonja
Sascha
Nina

Kommunion und Konfirmation

Weiß ist die Farbe der Kommunion. Entsprechend schlicht können Sie auch die Dekoration wählen, wenn Sie nach der Feier in der Kirche zu einem festlichen Mittagessen einladen. Wenn Sie etwas mehr Zeit für Ihre Gäste haben wollen, frühstücken Sie vor der Kommunion nicht sehr ausgedehnt – vor Aufregung ist den meisten Beteiligten eh oft der Magen verschlossen – und bereiten statt des feierlichen Mittagessens einen üppigen Brunch vor.
Die Konfirmation wird im allgemeinen nicht ganz so feierlich begangen wie die Kommunion. Verlagern Sie den Schwerpunkt nach einem kleinen Mittagessen auf Kaffeetrinken und Abendbrot, damit die Arbeit nicht überhandnimmt.

Die Tupfen des Batists über der Damastdecke nehmen die Schwere. Das Schleierkraut zwischen den Lilien, mit Mosy in einer Salatschüssel arrangiert, nimmt die Pünktchen noch einmal auf. Die Serviettenringe sind Tropfenfänger von Kommunionskerzen. ▽

Im Mittelpunkt des Konfirmationstisches leuchten Schwimmkerzen auf einem mit Wasser gefüllten Silbertablett. ▽

Am Rande befestigte Schleifen laufen in Wellen über den Goldstoff (Faschingsware). ◁

Geburtstag

Unsere Ahnen feierten den Geburtstag, weil sie dachten, am Übergang zwischen zwei Jahren völlig ungeschützt allen möglichen bösen Geistern ausgeliefert zu sein. Vor ihrem Zugriff konnten nur zwei Dinge schützen: einmal die Anwesenheit zahlreicher wohlmeinender Menschen, zum anderen viele Glückwünsche, die die Geister bannen sollten.
Geblieben ist davon eigentlich nur ein zusätzlicher Anlaß, wieder einmal alle Freunde und Verwandten um sich zu versammeln.
Wenn Sie Ihren Ehrentag in aller Ruhe genießen wollen, laden Sie einmal nicht zu Mittag- oder Abendessen, sondern zu einem Cocktail ein. Neben alkoholischen Getränken, zum Beispiel Champagner, Campari, Vermouth, Gin, Rum usw., brauchen Sie noch Alkoholfreies zum Mixen oder pur Trinken: Orangen- und Tomatensaft, Sodawasser, Gingerale, Bitter lemon, Tonic water und Cola.

Die Klarheit des Porzellans mit pastelligem Dekor wird unterstrichen durch die Noppenfolie; das Grau ist in den Servietten und Satinschleifen noch einmal aufgenommen. Die Pointe ist die raffinierte Geburtstagstorte zum Dessert. ▷

Der Hauptperson des Tages blühen zum Frühstück Rosen vom Gedeck entgegen. Verziert mit Asparaguszweiglein steht das Geschirr auf einem besonderen Stück Geschenkpapier. ▽

Den Sturm aufs Cocktailglas überstehen mehrere zusammengefügte Beistelltische ungerührt. Getränke, Gläser, Mixutensilien und alles, was das Herz des Barkeepers für den Empfang seiner Gäste begehrt, reihen sich schwungvoll auf. ▷

Dramatische Effekte für das abendliche Geburtstagsessen zu zweit: Schwarz, Rot und Weiß. Auf dem Beistellwagen finden Champagnerkühler und mit Bändern geschmückte Baccararosen Platz. ◁ △

Hochzeit

„Ganz in Weiß mit einem Blumenstrauß", so sehen auch heute noch die meisten Hochzeiten aus. Nachdem am Polterabend alle bösen Geister vertrieben wurden, die einen Schatten auf das junge Glück hätten werfen können, beginnt der glücklichste Tag im Leben zweier Menschen.

Je nachdem, für welche Uhrzeit die Trauung festgesetzt wurde, können Sie zu einem Sektfrühstück einladen. Es beruhigt aufgeregte Teilnehmer ebenso wie es diejenigen aufmuntert, die vom Polterabend noch ein bißchen mitgenommen sind.

Nach der Trauung dann das große Festmenü, bei dem auf das Wohl des Paares angestoßen wird.

Helle Gaze (Vorhangstoff) läßt die schwere Marmortischplatte durchscheinen, weiße Tauben (Geschenkboutique) lugen munter aus den Falten. Über den ganzen Tisch zieht sich das gleiche Grün, wie es im Brautstrauß verwendet wurde. Arrangiert wird es, bevor der Strauß den Blumenschmuck komplettiert. ▷

Ein sommerliches Sektfrühstück kann durchaus im Freien stattfinden; im Sektkühler bleibt das prickelnde Getränk eiskalt. In zarten Porzellanschalen stehen Kleinigkeiten zum Knabbern bereit. ▽

Hat das Paar dann 25 Jahre im Guten und im Bösen zusammengehalten, steht die Silberhochzeit an. Ein wirklich würdiger Anlaß für eine Feier, zu der sowohl Familienmitglieder als auch gute Freunde eingeladen werden.
Sehr beziehungsvoll ist es, wenn Sie die Farbe Silber bei der Dekoration berücksichtigen. So können Sie zum Beispiel ein altes silbernes Myrtendiadem verwenden, um den Platz der Braut zu schmücken. Der Bräutigam bekommt eine silberne Anstecknadel. Einladungs-, Menü- und Tischkarten tragen einen silbernen Lorbeerkranz, und wenn Sie mögen, lassen Sie in den Blumenschmuck eine silberne „25" einarbeiten.
Außer der silbernen Hochzeit gibt es noch die goldene (50 Jahre), die diamantene (60 Jahre), die eiserne (65 Jahre), die steinerne (70 Jahre) und die Kronjuwelenhochzeit (75 Jahre). Unsere Vettern in Amerika kennen noch einige weitere Hochzeitsjubiläen, so etwa die papierene Hochzeit (1 Jahr), die hölzerne (5 Jahre) und die zinnerne (10 Jahre). Die Auswahl an Feiertagen ist also wirklich nicht gering!

Silbergraue und silberne Farbtöne wechseln sich ab. Marmorierter Satin als Tischdecke, Damastservietten zu einfachen Fächern gefaltet, silberne Tischkärtchen und Menükarten harmonieren zum feierlichen Anlaß. Grüne Myrtenzweige im Bouquet lehnen sich auch an den Brauch an, die Braut mit Myrtenkränzchen zu schmücken. Die Myrte gilt als Symbol für Jungfräulichkeit, Jugend und Schönheit. ▷

Maria
Menü

Muttertag (Seite 98)

Ostern (Seite 96)

Picknick (Seite 102)

Sommerfest (Seite 104)

Pfingsten (Seite 100)

Weihnachten (Seite 106)

Silvester (Seite 108)

Weihnachten (Seite 106)

Advent (Seite 106)

Silberhochzeit (Seite 90)

FASCHING

Lieben Sie es, sich zu verkleiden? Feiern Sie gerne rauschende Feste? Wenn ja, dann sind Sie geradezu prädestiniert, eine Faschingsparty zu arrangieren. Wenn das närrische Treiben zu Hause stattfinden soll, laden Sie allerdings – um Probleme zu vermeiden – am besten auch gleich Ihre Nachbarn ein.
Stellen Sie das Fest unter ein Motto, nach dem sich die Gäste mit ihrer Kostümierung richten können. Was das leibliche Wohl anbelangt, so wird dafür am besten mit einem kalten Büfett gesorgt. Zu trinken gibt es reichlich – auch alkoholfreie Getränke! –, denn Tanzen macht durstig. Wenn Sie wollen, können Sie Ihren erschöpften Gästen zu später Stunde noch eine kräftige Suppe servieren. Das macht wieder fit!
Die Dekoration fällt in diesem Fall besonders reichlich und bunt aus; Luftschlangen, Girlanden, Luftballons, Konfetti – alles wird verwendet, was die Stimmung hebt.

Die Faschingsverkleidung hat auch vor den Beistelltischen nicht haltgemacht. Mit buntem Stoff zugedeckt, halten sie alles für ausgelassenes Feiern bereit. Pappnasen und Masken verhelfen jedem noch in der letzten Minute zur Maskierung. Konfetti plus Luftschlangen, und schon kribbelt es in den Fingern. ▽ ▷

Ostern

Der Karfreitagsfisch ist verzehrt, die Fastenzeit zu Ende. Der Ostersonntag steht vor der Tür, und besonders Kinder warten schon ungeduldig darauf, daß sie endlich mit dem Suchen der Ostereier beginnen können. Damit die Ungeduld nicht überhandnimmt, wird am besten vor dem Frühstück gesucht.
Neben den obligatorischen hartgekochten Eiern gibt es Osterzopf, Osterstollen, Osterlämmer und Osterhasen aus Hefeteig. Die Farben des Tisches sind hell und freundlich. Auch die Tischdecke, die Servietten und das Porzellan sind aufeinander abgestimmt; alles ist wie „aus dem Ei gepellt".

Mit den ersten warmen Sonnenstrahlen holt man sich an Ostern das erste Grün auf den Tisch: Sogenanntes Katzengras und Kresse ergeben ein Osterbeet, in dem sich Holzhasen gerne tummeln. Die Tupfen der „Tischdecke" (Tapete von der Rolle) haben sich bis zu den Ostereiern ausgebreitet. Im Heu liegen hessische, in Kratztechnik hergestellte Ostereier. Pappeier bergen süße Überraschungen. Im Osterstrauß duften Mimosen und Magnolien. Die zur Artischocke gefalteten Servietten verstecken bunte Holzeier mit frischem Grün. ▷ ▷

Der Karfreitagsbrauch, Fisch zu essen, hat sich bis heute erhalten. Das Tischkleid — mit Schuppenmuster, Muscheln und Fischbesteck — paßt sich an. ▽

Muttertag

Dieses Fest im Mai feiern wir noch gar nicht lange; erst zu Anfang dieses Jahrhunderts kam es als eine amerikanische „Erfindung" zu uns. Inzwischen aber ist dieser Festtag aus den Höhepunkten im Ablauf des Jahres nicht mehr wegzudenken. Wenigstens einmal werden die Mütter rundum verwöhnt und reichlich beschenkt.
Das Verwöhnen beginnt schon beim besonders liebevoll zubereiteten Frühstück, das der Mutter ans Bett gebracht wird oder sie am festlich geschmückten Tisch erwartet. Im „Rahmenprogramm" ein Gedicht oder ein kleines Ständchen, welches Mutterherz würde da nicht höher schlagen?
Weiter geht es mit dem festlichen Mittagessen, das diesmal Vater gezaubert hat. Unangefochtene Krönung des Tages aber ist das festliche Diner am Abend, das zum Abschluß noch einmal mit einer Überraschung aufwartet: zum Beispiel zwei Eintrittskarten zum Frühlingsball.

Herzen für Mutti: Dosen mit kleinen Geschenken und eine vom Konditor gebackene Torte. ▷ ▷

Muttertag beginnt mit dem Ständchen dreier Paradiesvögel, selbstgemachter Marmelade und Herzen auf dem Tisch (Geschenkpapier). ▽

Das blumige Herz stammt aus dem Laden. Geschickte Hände stecken es selbst mit den ersten, selbstgezupften Blümchen wie Vergißmeinnicht oder Dotterblumen in ein zurechtgeschnittenes Mosyherz. ▽ ▷ ▷

Für
"Mutti!"

Pfingsten

Wer kennt nicht den traditionellen Maibaum, der — vor allem in Süddeutschland — überall in den Dörfern und Ortschaften errichtet wird. Prächtig geschmückt, wartet er nur darauf, von jungen Männern erklettert zu werden, die seine reichverzierte Krone plündern. Weit verbreitet ist auch der Brauch, eine zünftige Pfingstwanderung zu unternehmen. Wem das zu anstrengend ist, der kann sich ja immer noch Gäste einladen und sie festlich bewirten.

Zu essen gibt es Kalbfleisch und Poularde, frisches Gemüse, wie zum Beispiel Spargel, dazu neue Kartoffeln. Den Abschluß des Festmahls bilden saftige Erdbeeren mit Schlagsahne.

Als Erfrischung können Sie eine „Kalte Ente" oder eine Rosenbowle anbieten.

Die „Kalte Ente" wird, wie der Name schon ahnen läßt, sehr kalt getrunken. Schälen Sie eine unbehandelte Zitrone hauchdünn und spiralenförmig ab, wickeln Sie die Schale um eine Gabel, und hängen Sie diese ins Bowlengefäß. Mit Weißwein übergießen und 20 Minuten ziehen lassen. Dann mit eiskaltem Sekt auffüllen und die Zitronenschale herausnehmen.

Für die Rosenbowle benötigen Sie frische aromatische Rosenblätter, Zucker, Weißwein und Sekt. Die Rosenblätter in ein Bowlengefäß geben, zuckern und 20 Minuten ziehen lassen. Einen Teil des Weißweins dazugeben und 2 Stunden ziehen lassen. Die Blätter herausnehmen, den restlichen Weißwein dazugeben und kurz vor dem Servieren den kalten Sekt dazugießen.

Schokoladenmaikäfer in drei Größen (Konditorei) krabbeln über die Tischdecke aus Rasen (Bodenbelag) und unter den Pfingstrosen hervor, froh dem Winter entronnen zu sein. ▷

Grillparty und Picknick

Grillen ist der heiße Hit des Sommers und macht mit Sicherheit allen Spaß. Über der Holzkohle rösten können Sie eigentlich alles, was eßbar ist: alle Sorten Fleisch, Wild und Geflügel, Fisch, Würstchen, Gemüse, ja sogar Obst kommen auf den Rost.

Als Beilage passen Folienkartoffeln, Salate und Brot. Zu trinken gibt es Wein, Bier, Saft oder Mineralwasser.

Wenn die Sonne ins Freie lockt, dann verbinden Genießer das oft mit einem ausgedehnten Picknick. Spontan organisiert, bringt es Leben in ein vielleicht ursprünglich ganz anders geplantes Wochenende.

In geräumigen Körben läßt sich alles verstauen: Geschirr, Besteck, Servietten, Erfrischungstücher, Thermoskannen mit reichlich Tee und Kaffee; köstliche Gerichte, die etwas Hitze vertragen; und nicht zu vergessen: zahlreiche riesige Wolldecken.

Wer sich nach einer üppigen Picknickmahlzeit etwas Bewegung verschaffen will, packt auch noch Federballschläger, Bälle und ähnliches Sportgerät ein.

Unter brennender Sommersonne sind das Plätzchen in der schattigen Laube, die Tomaten im Farnkraut, ein kühles Bier und etwas Leckeres auf dem Grill Balsam für Augen, Leib und Seele. ▷

Der perfekte Picknickveranstalter braucht unter stahlblauem Himmel und bei Sonnenschein einen Waldrand im Rücken und vor den Augen ein üppiges Schlemmereiangebot; dahinter eine umwaldete Wiese mit Blick in die Ferne. Den Genuß versteht er noch zu steigern durch feines Porzellan, Glas und Besteck, eine Stofftischdecke und Stoffservietten. Heuballen hat er vom Bauern entliehen, um damit alle Zutaten ins rechte Licht zu setzen. ◁ ▽

Sommerfest

Wer ein Sommerfest veranstalten will, braucht in unseren Breiten entweder gute Kontakte zu Petrus, eine wasserdichte Laube oder ein großes Zelt. Nichtsdestotrotz hebt nichts mehr die Stimmung als ein warmer Sommerabend, den man – in Gesellschaft guter Freunde – draußen sitzend genießen kann. Also: wagen Sie einfach einen Versuch!

Bunte Girlanden, Fähnchen, Luftballons und Windlichter ergeben einen hübschen bunten Rahmen; lange, ausklappbare Tische und Bänke bieten ausreichend Platz, auch wenn im Schlepptau von Freunden nicht eingeladene Besucher mit auf der Schwelle stehen.

Ideal, weil arbeitsparend, ist ein Büfett in Verbindung mit einem Grillrost. Von Spießbraten über Eintopf bis zu verschiedenen Broten kann alles vorbereitet werden. Auch selbstgemachten Kuchen und Desserts kommen gut an.

An einer separaten Ausgabestelle für Getränke versorgen sich durstige Seelen mit dem rettenden kühlen Naß. Große Mengen Bowle füllen Sie am besten in Steingut- oder Glasgefäße. Es ist übrigens ganz praktisch, wenn Sie zu Ihrem Sommerfest auch die nächsten Nachbarn einladen, damit nicht zu später Stunde ein Wermutstropfen in Form einer Beschwerde die Freude aller trübt.

Für den lauen Sommerabend ist die Tischdecke schnell gezaubert: große Bögen Makulaturpapier (Zeitungsdruckerei) knittern, von der einen Seite blau, von der anderen gelb sprühen und wieder glätten. Die üppigen Sträuße bestehen zum einen Teil aus Wiesen-, zum anderen aus Gartenblumen. ◁ △

ADVENTSZEIT UND WEIHNACHTEN

Wenn es in der Adventszeit draußen so richtig kalt ist und die ersten Schneeflocken vor den Fenstern tanzen, dann ist es drinnen so richtig gemütlich. Ein weihnachtlich gedeckter Kaffeetisch mit Kerzen, dazu duftender Kaffee auf dem Stövchen und zartes Weihnachtsgebäck schaffen eine anheimelnde Atmosphäre. So läßt sich die stimmungsvollste Zeit des Jahres allemal genießen.

Weihnachten ist wohl das schönste, das gefühlvollste aller Familienfeste und wird meistens im engsten Familienkreis gefeiert. Zwar gibt es regional sehr unterschiedliche Sitten und Gebräuche; überall jedoch werden der Heilige Abend und die Weihnachtsfeiertage besonders liebevoll gestaltet. Das große Weihnachtsessen kann – je nach Gegend und Familie – am Heiligen Abend oder am ersten Feiertag stattfinden.

Das kulinarische Angebot reicht dabei vom traditionellen Karpfen über Gänsebraten bis zu Wildgerichten.

Sterne und antike Biedermeier-Christbaumkugeln, gemischt mit Glasmurmeln, die zum Teil aus der Spraydose versilbert und vergoldet wurden, glitzern und gleißen auf einem Lurextischtuch um die Wette. Die Sternchen auf den weißen Rosen und Lilien halten durch Sprühkleber. Weihnachtliches Grün, ein Brauch, der von England auf den Kontinent kam, ist der Ilex mit seinen roten Beeren im Strauß und in den Servietten. ▷

Advent, Advent, in grün-rosa Tönen aufs Porzellan abgestimmt: Kerzen, Tischdecke, Bänder, Kranz aus Eibe (nadelt nicht so schnell wie Tanne/Fichte) und Servietten. ▽

Silvester

Ein rauschendes Fest mit vielen Gästen, ein ruhiges Fondueessen mit Freunden oder ein besinnliches Diner zu zweit, jeder feiert Silvester auf seine ganz persönliche Art. Hauptsache ist, daß man „gut rutscht" und nicht schutzlos „zwischen den Jahren" von bösen Geistern erwischt wird, wie unsere Vorfahren — wie auch beim Geburtstag — glaubten.
Bei einer riesigen Silvesterparty spielt das Essen eine eher untergeordnete Rolle; natürlich muß niemand hungern, aber der Schwerpunkt liegt doch mehr auf der flüssigen Nahrung. Wenn Sie sich diese Form ausgesucht haben, um ins neue Jahr zu rutschen, sollten Sie den Beginn der Feier so legen, daß Ihre Gäste zu Hause bequem eine gute Unterlage für die kommenden Stunden schaffen können. An Dekoration darf nicht gespart werden; Luftschlangen und Knallbonbons, Schornsteinfeger, Glücksschweinchen und vierblättrige Kleeblätter gehören einfach dazu. Und wenn die Zeit bis Mitternacht trotz Tanz und Spielen zu lang wird, können sich die Gäste beim Bleigießen gegenseitig die Zukunft deuten.
Kurz vor 24 Uhr müssen alle Gläser mit Sekt gefüllt sein, damit das neue Jahr gebührend begrüßt werden kann. Nachdem alle vorhandenen und eingebildeten Geister durch das Feuerwerk vertrieben wurden, geht die Party weiter, solange die Kondition der Gäste reicht.

Um Mitternacht öffnet sich die Tür zum Silvesterbüfett, und ein Feuerwerk begrüßt das neue Jahr! ▷

Die Porzellanteile nicht zu nahe an die in Sand gesteckten Wunderkerzen stellen, das kann Flecken geben. Die Grundfarben werden von einem Lurextuch und hellem Marmor vorgegeben, aus denen silbern gesprühte Knallbonbons und Wattekügelchen sowie verschiedenfarbige Servietten bunt herausleuchten. △ ▷